PREGNANCY TEST

PREGNANCY TEST
by Karen Weingarten

PREGNANCY TEST, First Edition Copyright © Karen Weingarten, 2023
All rights reserved.

Korean translation rights arranged with Bloomsbury Publishing Inc. through ALICE Agency, Seoul.
Korean translation copyright © Bokbokseoga. Co., Ltd., 2025

이 책의 한국어판 저작권은 앨리스에이전시를 통해
Bloomsbury Publishing Inc과 독점계약한
복복서가㈜에 있습니다.
저작권법에 의해 한국 내에서 보호를 받는 저작물이므로
무단 전재와 무단 복제를 금합니다.

지식산문 ○ 06

PREGNANCY TEST

복복서가

지식산문 O 시리즈는 평범하고 진부한 물건들을 주제 삼아 발명, 정치적 투쟁, 과학, 대중적 신화 등 풍부한 역사 이야기로 그 물건에 생기를 불어넣는 마법을 부린다. 이 책들은 매혹적인 내용으로 가득하고, 날카로우면서도 이해하기 쉬운 문장으로 일상의 세계를 생생하게 만든다. 경고: 이 총서 몇 권을 읽고 나면, 집 안을 돌아다니며 아무 물건이나 집어들고는 이렇게 혼잣말할 것이다. "이 물건에는 어떤 이야기가 숨어 있을지 궁금해."

_스티븐 존슨,

『탁월한 아이디어는 어디서 오는가』 저자

'짧고 아름다운 책들'이라는 지식산문 O 시리즈의 소개말에 전적으로 동의한다. (…) 이 책들은 우리가 당연하게 생각했던 일상의 부분들을 다시 한번 돌아보도록 영감을 준다. 이는 사물 자체에 대해 배울 기회라기보다 자기 성찰과 스토리텔링을 위한 기회다. 지식산문 O 시리즈는 우리가 경이로운 세계에 둘러싸여 있다는 사실을 상기시켜준다. 우리가 그것을 주의깊게 바라보기만 한다면.

_ 존 워너, 〈시카고 트리뷴〉

손바닥 크기의 아름다운 책 속에 이렇게나 탁월한 글이라니, 이 시리즈의 놀라운 점은 존재 그 자체일 것이다. (…) 하나같이 뛰어나고, 매력적이며, 사고를 자극해주고 유익하다.

_ 제니퍼 보트 야코비시,
〈워싱턴 인디펜던트 리뷰 오브 북스〉

유익하고 재미있다. (…) 주머니에 넣고 다니다가 삶이 지루할 때 꺼내 읽기 완벽하다.

_새라 머독, 〈토론토 스타〉

내 생각에, 이 시리즈는 미국에서 가장 한결같이 흥미로운 논픽션 책 시리즈다.

_메건 볼퍼트, 〈팝매터스〉

재미있고, 생각을 자극하며, 시적이다. (…) 이 작은 책들은 종이책을 좋아하는 사람들의 꿈이다.

_존 팀페인, 〈필라델피아 인콰이어러〉

권당 2만 5천 단어로 짧지만, 이 책들은 결코 가볍지 않다.

_ 마리나 벤저민, 〈뉴 스테이츠먼〉

이 시리즈의 즐거움은 (…) 각 저자들이 자신이 맡은 물건이 겪어온 다양한 변화들과 조우하는 데 있다. 물건이 무대 중앙에 정면으로 앉아 행동을 지시한다. 물건이 장르, 연대기, 연구의 한계를 결정한다. 저자는 자신이 선택했거나 자신을 선택한 사물로부터 단서를 얻어야 한다. 그 결과 놀랍도록 다채로운 시리즈가 탄생했으며, 이 시리즈에 속한 책들은 그 자체로 하나의 작품이다.

_ 줄리언 예이츠, 〈로스앤젤레스 리뷰 오브 북스〉

지식산문 O 시리즈는 아름답고 단순한 전제를 두었다. 각 책은 특정 사물에 초점을 맞춘다. 이 사물은 평범하거나 예상치 못한 것일 수도 있고, 유머러스하거나 정치적으로 시의적절할 수도 있다. 어떤 사물이든 이 책은 각 사물 이면에 숨겨진 풍부한 이야기를 드러낸다.

_ 크리스틴 로, 〈북 라이엇〉

롤랑 바르트와 웨스 앤더슨 사이 어딘가의 감성.

_ 사이먼 레이놀즈, 『레트로마니아』 저자

누가 여성의 임신을 제일 먼저 알아야 하는가. 임신은 여성의 삶에서 무엇을 의미하는가. 이 책은 이에 대한 여성주의 과학사 및 과학철학의 대답이다. 임신테스트기는 여성이 자기 몸의 통제권을 갖기 위한 최전선의 도구다. 주변 여성들에게 임신테스트기와 이 책을 같이 선물하자!

_정희진, 『다시 페미니즘의 도전』 저자

나의 자매 셸리에게

일러두기

1. 각주는 모두 옮긴이 주다.
2. 본문 중 고딕체는 원서에서 이탤릭체로 강조한 부분이다.
3. 외래어는 국립국어원 외래어표기법을 따랐으나, 회사명, 제품명 등 일반적으로 통용되는 표기가 있을 경우 이를 참조했다.

차례

들어가며 ○ 15

1부 역사

  1. 설계 ○ 29
  2. 호르몬 ○ 71
  3. 소변과 혈액 ○ 115
  4. 막대 ○ 139

2부 문화

  5. 말해주세요, 의사 선생님 ○ 183
  6. 아름답고 젊은 여성의 고뇌 ○ 197
  7. 임신테스트기 없이는 임신도 없다 ○ 219
  8. 임신테스트기와 공상과학 ○ 233

나오며 ○ 261

감사의 말 ○ 267
주 ○ 281

들어가며

내 생애 첫 임신테스트기 검사 결과는 양성이었다. 그때의 경험을 여전히 얼마간 기억하고 있다. 시 낭독회에 참석했다가 집으로 돌아가던 길에 드러그스토어 체인점인 라이트에이드에 들렀다. 약국의 환한 불빛 아래서 임신테스트기 값을 계산하기 위해 기다리는 동안 두려움과 민망함이 밀려들었다. 그때 내가 어떤 임신테스트기를 골랐는지는 기억나지 않는다. 다만 그 시절 내가 파산하기 직전인 가난한 대학원생이었다는 사실을 감안하면, 십중팔구 라이트에이드의 자체 기획 상품 같은 초저가형 제품이었을 것이다. 이후에는 사용 설명서를 대강 훑어본 다음 그 막대형 임신테스트기에 어색하게 오줌을 누면서 과연 제대로 따라 하고 있는 중인지 궁금해했던 기억이 난다. 또 당시 룸메이트랑 둘이 세 들어 살던 아파트 욕실 바닥의 흑백 체크무늬 타일을 배경으로 손에 들고 있던 임신테스트기에 두번째 줄이 거의 단숨에 나타났던 기억도 생생하다. 이튿날 나는 버스를 타고 브루클린에 있는 미국가족계획연맹으로 향했다.

"혹시 임신이 아닌데 검사 결과가 양성으로 나올 수도 있나요?" 나는 도착하자마자 접수대로 가서 물었다. "아니요." 여직원이 잘라 말했다. "앉으세요." 별수 없이 이미 만원인 대기실 한구석에 자리를 잡았다. 임신테스트기 검사 결과가 맞을 가능성이 높다는 것쯤은 나도 알았다. 내가 임신중지를 선택하리라는 것도. 하지만 미처 몰랐던 것이 있었다. 내 예상대로라면 의사는 우선 더 정확한 임신검사를 추가적으로 실시해야 했지만, 예상은 빗나갔다. 의사는 가정용 임신테스트기 검사 결과가 양성이라는 진술만 듣고도 임신을 기정사실로 받아들였으니까. 그 대신 곧바로 초음파검사를 실시하더니 임신 6주가 되었다는 사실을 일러주었다.

그때 이후로 숱하게 임신테스트기를 사용했지만, 내 인생에서 그토록 중요한 역할을 담당한 이 작은 물건의 역사를 비로소 돌아보기 시작한 것은 여동생이 화학적 임신을 겪고 난 이후부터였다. 화학적 임신이란 난자가 수정을 거쳐 착상을 시작하지만 안착되지 않는 경우를 말하며, 사람들이 생각하는 것보다 그 빈도가 훨씬 높다. 화학적 임신을 한 당사자는 그 사실을 모르고 지나가는 일이 많은데, 이 과정이 정상적 생리 주기에 별다른 영향을 미치지 않기 때문이다. 하지만 임신을 원해서 임신테스트기를 정기적으로 사용하는 사람은 내 여동생이 그랬듯 화학적 임신을 알아차리기도 한다. 여동생이 보일 듯 말 듯 한 두번째 줄을 마주한 것은 생리 예정일을 며칠 앞둔 시점이었고,

며칠 후 다시금 실시한 검사에서는 문제의 줄이 사라져 있었다. 그때부터 나는 임신테스트기 뒤에 감춰진 과학에 의문을 품기 시작했다. 그리고 가정용 임신테스트기의 구입이 지금처럼 수월해지기 전에는 여성들이 애초에 화학적 임신을 인지할 일도, 그로 인한 상실을 경험할 일도 없었다는 사실을 깨달았다. 이렇듯 화학적 임신의 덧없는 본성은 과연 그것을 임신이라고 부르는 게 타당한가 하는 의문마저 불러일으켰다. 단지 임신테스트기로 탐지할 수 있다는 이유만으로 화학적 임신을 임신으로 간주해도 되는 것일까? 이 질문은 또다른 질문으로 이어졌다. 그렇다면 임신테스트기는 대관절 무엇을 검사하는 것일까?

  이러한 질문들을 바탕으로 나는 임신 진단의 은

밀한 역사를 들여다보았고, 이와 함께 통상적인 막대형 임신테스트기를 바라보는 나의 관점에도 변화가 생겼다. 임신테스트기에 관한 문헌 자료는 다양한 온라인 플랫폼과 신문과 잡지에서 다양하게 얻을 수 있었다. 하지만 가정용 임신테스트기의 역사는 여러 기업, 과학자, 의사 등의 이해관계가 충돌하며 복잡하게 얽혀 있는 까닭에 그것이 우리의 재생산 생활에 필수불가결한 물건으로 자리매김하기까지의 정확한 경로를 밝혀내기가 늘 쉽지 않았다. 이 책의 목표는 임신테스트기를 둘러싼 그 복잡다단한 역사를 인정하는 한편, 그것이 우리 몸에 관한 정보를 더 많이 일깨우거나 풀어주리라는 기대에 항상 부응하지만은 않았던 연유를 찬찬히 짚어보는 것이다. 과학은 대체로 단정하게 떨어지는 대답을 약속하지만, 임신 및 임신검사를 둘러싼 현실은 생각보다 훨씬 더 너저분하다. 가령 오늘날 우리가 아는 임신테스트기의 탄생을 이끈 분야는 단연 (재생산 호르몬을 연구하는) 생식내분비학과 (면역계 및 항체를 연구하는) 면역학이지만, 두 분야에 종사하는 과학자들이 모두 임신테스트기의 개발을 염두에 두고 호르몬을 분리하거나 측정하는 방법을 찾아냈다고는 말할 수 없다. 임신테스트기의 발명에 일정 부분 기여한 사람이 워낙 많다보니, 그 과정에서 등장한 시제품이라든지 서로 영향을 주고받은 인물도 그에 못지않게 많다. 여느 과학적 발명품과 마찬가지로 오늘날 우리가 사용하는 임신테스트기는 단 한순간의 유레카가 아닌 점진적이고도 협력적인 혁신을 거쳐 만들어졌다.

임신테스트기의 발명이 어느 한 사람만의 공으로 이뤄졌다고는 말할 수 없지만, 발명의 역사에서 사람융모성성선자극호르몬*이 중추적 역할을 담당했다는 점에는 의심의 여지가 없다. hCG가 미친 영향은 직접적 언급 여부와 관계없이 이 책의 모든 페이지에 드러나 있다. 모름지기 정확한 임신테스트기는 hCG의 검출 여부를 진단의 근거로 삼기 때문이다. 1927년에 발명된 최초의 임신테스트기 역시 이 호르몬의 존재를 인식하는 기술을 바탕으로 제작되었다. 정작 hCG가 임신 진단의 결정적 인자임을 발견하고 그 호르몬에 '프롤란prolan'이라는 (자녀를 뜻하는 라틴어에서 따온) 이름을 붙인 과학자들은 그것이 인간의 뇌 아래쪽에 자리한 뇌하수체에서 생성된다고 여길 정도로 관련 이해도가 형편없었지만 말이다. 그러다 마침내 젊은 의과학자 조지애나 시거 존스가 임신중에 hCG를 생성하는 기관이 태반이라는 사실을 규명하면서 사실관계가 바로잡혔다. 존스는 1945년 3월 15일 미국생리학회의 한 강연에서 문제의 호르몬에 현재의 이름을 붙여주었다.[1] 그때 이후로 임신 진단과 난임을 비롯한 여러 재생산 관련 주제에 있어서 hCG의 역할은 더욱더 중요해져갔다. 우리가 hCG를 이해하지 못했더라면 오늘날의 임

* human chorionic gonadotropin, 약어로는 hCG.

신테스트기들은 빛을 보지 못했을 것이다.

1927년 최초의 임신검사법이 발명되고 몇 년이 채 지나지 않아 의사들과 병의원들은 임신검사를 진료 항목에 포함하기 시작했다. 이 같은 초창기 임신검사는 항상 실험실에서만 진행되었는데, 이유인즉 살아 있는 동물의 희생이 필요해서였다. 최초의 가정용 임신테스트기는 1960년대 말엽에야 비로소 고안되었고, 1970년대 말엽에야 비로소 미국 시장에 출시되었다. 이 초창기 가정용 임신테스트기는 오늘날 우리가 사용하는 임신테스트기들과 모양새가 완전히 달랐다. 더욱이 일부 사람들은 자가 진단을 급진적이라고 생각했는데, 거기에는 여성이 자택 욕실이나 주방에서 실험실의 기본 업무를 수행함으로써 이전까지 의사와 실험실 기사가 독점하던 기술을 손에 넣는 과정이 필연적으로 수반되는 까닭이었다. 가정용 임신테스트기의 발명은 우리의 재생산 생활을 둘러싼 역사에서 실로 뚜렷한 전환점이었다. 고로 이 책은 1969년에 발명된 가정용 임신테스트기에 관한 이야기를 먼저 다룬 뒤 그것의 탄생을 이끈 역사를 되짚는 방향으로 전개될 것이다.

캐나다와 유럽에서는 1970년대 초엽에 이미 가정용 임신테스트기가 시중에 유통되었지만, 미국에서는 1930년대부터 1980년대 중엽까지 실험실 임신검사가 압도적 우위를 차지했다. 실험실 임신검사는 반드시 의사의 지시에 따라 실험실에서 시행되어야 했기에, 재생산하는 몸에 대한 지식을 당사자인 여성보다 의사가 더 많이 갖추었다는 인식을 심어줌으로써 일종의 가부장적 의료 문화를 조성하는 결과를 낳았다. 이에 더하여 의사가 보기에 그 검사를 토대로 여성이 임신중지를 감행할 소지가 있거나 단순히 임신검사가 불필요하다고 판단될 경우, 관련 지식에 여성이 접근하지 못하도록 의도적으로 차단하는 사례도 더러 있었다. 여러모로 가정용 임신테스트기는 여성이 줄곧 소유했어야 마땅한 것들을 여성에게 돌려주었다. 덕분에 여성들은 의료기관의 개입 없이도 자기 몸이 작동하는 방식에 관한 지식을 직접 확보할 수 있었다. 그러나 한편으로는 신뢰할 만한 임신테스트기가 인간의 눈이 자칫 놓칠 수 있는 몸에 관한 정보를 제공한다는 바로 그 이유 때문에, 오히려 임신한 몸을 통제하려고 드는 사람이나 제도의 지배하에 강압적으로 사용될 때도 종종 있었다.

이 책의 전반부에서는 19세기(및 그 이전)의 이런저런 수상한 진단법들부터 1930년대의 실험실 임신검사와 오늘날의 가정용 임신테스트기에 이르기까지, 미국 내에서 임신테스트기가 거쳐

온 역사를 들여다본다. 책의 초점은 대체로 미국에 맞춰져 있는데, 이는 임신테스트기의 역사와 문화적 수용 과정이 나라별로 상당한 차이를 보이는 까닭이다. 다만 캐나다는 가정용 임신테스트기를 시장에 도입한 최초의 국가로서 중요한 역할을 맡았기에, 영국은 최초의 막대형 임신테스트기가 발명된 곳으로서 의의를 갖기에 제법 비중 있게 다루었다. 미국 사회는 가정용 임신테스트기를 처방전 없이 약국에서 구입하도록 허용하는 것에 거부감을 느꼈고, 심지어 승인 이후에도 가정용 임신테스트기에 접근할 기회는 개개인의 경제적 상황이나 인종에 따라 불균등하게 주어졌다. 미국 내 임신테스트기의 역사에는 당연히 미국의 역사가 반영돼 있다. 가정용 임신테스트기의 미국 내 역사를 논하며 그것의 인종주의적이고 계급주의적(이면서도 명백히 성차별주의적)인 면모를 거론하지 않기란 불가능하다. 이 책의 후반부에서는 대중문화계에서 임신테스트기를 묘사해온 방식을 살피는 한편, 임신테스트기를 묘사하는 방식이 우리가 임신의 개념을 정립하는 데 미친 영향도 들여다본다. 나는 이 작고도 흔한 가정용 임신테스트기가 지닌 문화적 중요성이 보기보다 훨씬 더 크다는 사실을 보여줄 것이다. 21세기의 가정용 임신테스트기는 어느덧 친숙한 물건으로 자리매김했다. 당초 그것은 재생산 자기 결정권과 프라이버시에 관한 상념에서 비롯되었고, 그 안에 함축된 의미는 우리의 재생산 생활에 상상 이상으로 지대한 영향을 미쳤다.

ND # 1부 역사

1. 설계

1950년대 말 마거릿 크레인은 뉴욕시로 거주지를 옮겼다. 파슨스아트스쿨에 다니며 패션 일러스트레이터 과정을 밟아볼 참이었다.[1] 그러나 관련 업계에서 드로잉보다 모델을 촬영한 사진을 선호하는 경향이 짙어지면서, 크레인은 그래픽디자이너 쪽으로 진로를 바꿀 것을 권유받았다. 졸업 후 크레인은 뉴욕에서 프리랜서와 임시직을 비롯해 다양한 파트타임을 전전했다. 그러다 1967년 오거넌이라는 제약회사에서 프리랜서로 근무하게 되었다. 그 시절 오거넌 본사는 뉴저지주 웨스트오렌지시에 자리하고 있었다. 출퇴근 거리가 부담스럽긴 했지만, 잘하면 당시 오거넌에서 개발중이던 신규 화장품 라인의 디자인 업무를 담당할 기회가 주어질지도 모를 일이었다. 당시 크레인은 맨해튼 요크빌 지구의 엘리베이터가 없는 다세대주택 6층에서 룸메이트 두 명과 함께 지내고 있었다. 이는 곧 웨스트오렌지로 통근하려면 꼭두새벽에 일어나야 한다는 뜻이었다. 집에서 출발해 버스 한 대와 패스 열차* 한 대, 버스 두 대를 차례로 갈아탄 뒤에야 비로소 크레인은 오거넌이 사무실로 제공한 단독주택에 도착할 수 있었다. 크레인은 거실에서 근무했고, 서로 대화가 가능할 법한 거리에 있는 직원이라곤 식당에서 근무하는 여성 비서가 유일했는데, 그는 크레인이 처음 출근한 날에 자신은 크레인의 비서가 아니라는 점을 분명히 밝혀두었다. 그 주택 지하실에는 오거넌이 다양한 제품을 시험하고 생산하는 데 사용하는 토끼들이 무더기로 살고 있었다. 가끔은 크레인이 일하던 임시 사무실까지 토끼들의 날카로운 비명소리가 들려오고는 했는데, 죽은 토끼들을 투명한 쓰레기봉투에 담아 주기적으로 집밖에 내놓는 것으로 미루어 옆집은 필시 오랫동안 비어 있는 듯했다.

크레인은 오거넌이 자신을 고용한 이유가 페이스 크림이나 립스틱 제품의 포장 패키지를 디자인하고 구상하는 업무를 맡기기 위해서라고 생각했지만, 실제로 주어지는 업무는 재고를 관리하거나 물품이 제대로 배송되었는지 확인하는 것이 대부분이었다. 크레인이 즐기거나 빼어나게 잘하는 일은 아니었는데도 말이다. 가끔은 다양한 화장품의 광고 업무를 거들기도 했는데, 그러다 하루는 새로 출시할 로션의 안정성시험을 진행중이던 실험실로 파견을 나가게 되었다. 그날 아침 그곳을 걷는데, 어느 각진 선반 위에 걸린 시험관 열 개가 눈에 들어왔다. 반질반질하게 윤을 낸 선반은 흡사

---

* 미국 뉴욕 맨해튼에서 허드슨강 밑을 통과하여 뉴저지까지 이어지는 광역 철도 시스템.

거울처럼 반짝거렸다. 각각의 투명한 시험관은 옆면이 숫자 코드로 가려져 있었지만, 아랫면은 반들거리는 선반에 반사상이 깨끗하게 비쳐 보였다. 마침 그 실험실에 다니는 한 나이 지긋한 의사와 친분이 있던 크레인은 그의 집무실에 들러 이 신비로운 시험관에 대해서 물어보았다. 이내 임신테스트기라는 대답이 돌아왔다. 의사들은 임신검사를 받기 위해 진료소를 찾는 여성들의 소변을 오거넌으로 보내고 있었다. 각 병의원이 오거넌에서 제작한 병에 여성의 소변을 담아 오거넌 측에 넘기면, 오거넌은 고유의 세심한 식별 체계를 가동해 임신검사용 항체가 들어 있는 시험관에 여성의 소변을 옮겨 담았다. 그런 뒤에 결과가 나오면 의사들에게 다시 전화해 음성 혹은 양성이라고 통보해주는 식이었다. 각 검사에는 약 두 시간이 소요되었지만, 여성들은 보통 몇 주를 기다린 뒤에야 결과를 전해들을 수 있었다. 크레인이 찾아간 그 의사는 해당 검사법의 원리를 찬찬히 설명해주었는데, 막상 들어보니 그리 복잡하진 않은 듯했다. 그러자 문득 어떤 생각이 뇌리에 떠올랐다. 이런 **검사라면 여성들이 스스로 시행해도 되지 않을까?**

때는 바야흐로 1960년대 말, 크레인의 표현을 빌리자면 혁명의 시간이었다. 맨해튼 미드타운에 위치한 그의 아늑한 아파트에서 우리는 아이스티를 앞에 두고 이야기를 나눴다. 1960년대 초 크레인은 불법 임신중지를 하게 된 친구의 곁을 지킨 적이 있었고, 그 자신도 경구피임약의 얼리어답터였다. 크레인과 같은 미혼 여성에게는 경구피임약의 처방이 용인되지 않던 시절이었지만, 친구가 추천해준 호의적인 의사가 이 같은 규제를 모른 체하며 처방전을 써준 덕분에 크레인은 생리로 인한 과다 출혈과 통증을 얼마간 조절할 수 있었다. 한편 의료기관 안팎에서는 혼외 성관계라든가 피임, 섹슈얼리티, 수음 등에 관한 기존의 사고방식에 맞서 싸우려는 경향이 시나브로 짙어졌다. 그런데 왜 여성들은 거만한 의사의 경계하는 눈빛을 벗어나 임신검사를 시행할 수 없단 말인가?

   실험실용 임신테스트기를 처음 맞닥뜨린 그날 저녁, 여느 때처럼 먼길을 거쳐 집으로 돌아가던 크레인은 예의 그 정연하게 나열된 시험관을 여성들이 집에서 사용할 수 있는 상품으로 개조할 방안을 두고 골똘히 생각에 잠겼다. 크레인은 자신의 취향을 살려, 단순하고 깔끔한 선이 돋보이는 제품을 디자인하고 싶었다. 당시 그는 저녁이면 부업으로 휴스턴가의 어느 인쇄소에서 일했고, 그곳에서 이런저런 재료들을 살피며 가정용 임신테스트기 시제품을 디자인하기 시작했다. 처음에 크레인은 마분지를 사용해 시안을 잡아나갔다. 비로소 그 도구의 디자인을 결정한 것은 며칠 후 책상 위에 놓인 클립 통에 시선이 닿았을 때였다. 투명하고 네모난 플라스틱 상자에 잘 맞는 뚜껑이 안정적으로 덮여 있었다. 크레인은 통에 든 클립들을 쏟아 버린 뒤, 구멍이 두 개 뚫린 플라스틱 선반을 상자 내부에 설치했다. 각 구멍은 시험관과 점안기를 끼워 넣을 자리였다. 이어 그는 반들반들한 마일라 조각으로 각진 거울을 만들었다. 시험관 바닥을 되비춤으로써 검사 결과를 보여줄 장치였다. 1967년 섣달그믐날, 크레인은 밤늦도록 작업에 매진한 끝에 마침내 자신만의 디자인을 완성했다. 평범한 재료들을 사용해 독자적 힘으로 최초의 가정용 임신테스트기 시제품을 개발한 것이다.[2]

크레인의 디자인

실험실용 임신테스트기는 1960년대, 정확히는 크레인이 디자인 작업을 시작하기 일곱 해 전에

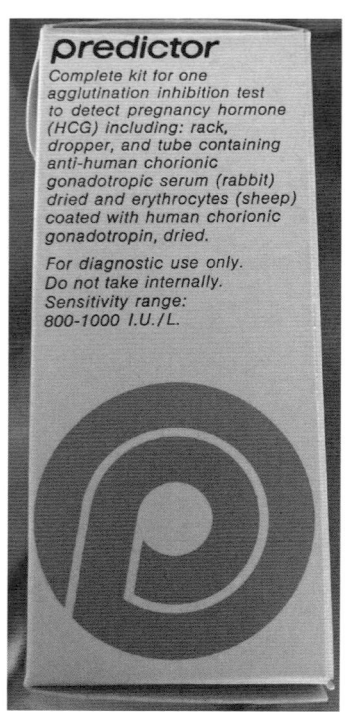

마거릿 크레인이 최초로 고안한 가정용 임신테스트기
프리딕터의 포장디자인.
이미지 제공: 저자, 상자 제공: 마거릿 크레인.

두 명의 스웨덴 의사가 발명했다. 크레인의 발명품은 이 과학적 소산을 여성의 손에 쥐여주는 데 그 의의가 있었다. 이를 위해서는 우선 임신테스트기를 소량의 호르몬과 더불어 가정에서 사용하기 적합하게끔 포장해야 했는데, 크레인은 디자인이 좋으면 충분히 가능하다고 믿었다.

    그는 직속상관인 오거넌의 부사장에게 자신의 계획을 털어놓았지만, 돌아온 반응은 비웃음이었다. 문제의 남성 임원이 내세운 첫번째 이유는 왜 굳이 오거넌이 자사의 수익원인 실험실용 임신테스트기와 경쟁할 제품을 개발하느냐는 것이었다. 오거넌은 실험실용 임신테스트기를 제조하는 일과 병의원을 대신해 임신검사 결과를 분석하는 일을 동시에 수행하고 있었다. 이는 그 자체로 좋은 사업이었다. 그가 덧붙인 두번째 이유는 여성들이 임신검사를 정확하게 수행하는 데 필요한 여러 단계의 과정을 혼자서 감당할 수 있을 리 만무하다는 것이었다. 이는 필시 재앙으로 이어질 터였다. 크레인의 발상은 일축되었고, 계획은 그대로 무산되는 듯했다.

하지만 몇 달이 지나고 어느 추운 겨울날, 크레인의 운명은 두 가지 측면에서 중요한 전기를 맞이했다. 여전히 그는 당시의 상황을 또렷이 기억하고 있었다. 그날은 출근길부터 일진이 좋지 않았다. 크레인은 바닥에 미끄러져 야무지게 엉덩방아를 찧었다. 축축하고 질척한 땅은 크레인이 손수 지어 입은 원피스 뒤쪽에 크고 동그란 물자국을 남겼다. 그쯤 되면 출근을 포기하고 돌아갈 법도 했지만, 크레인은 프리랜서였고 집세를 내려면 일자리를 꼭 붙들어야 했다.

이 대목에서 크레인은 잠시 숨을 돌리더니 "그 원피스의 옷감을 여전히 간직하고" 있다고 털어놓았다. 그날을 기억하기 위해서였는데, 이는 그날 크레인이 독자적인 임신테스트기 디자인으로 역사에 한 획을 그었기 때문이 아니었다. 그보다는 이후 40년 동안 배우자로서 인생을 함께할 남자를 만난 날이었기 때문이다. 하지만 크레인은 그런 만남이 있으리라는 사실을 까맣게 모른 채, 여전히 축축한 원피스를 찝찝하게 걸친 상태로 일터에 도착했다. 옆방의 그 비서는 인사 대신 "오거넌이 제작하려는 가정용 임신테스트기의 디자인과 관련된 중요한 회의가" 바로 그날 잡혀 있다는 소식을 전했다. 크레인으로서는 처음 듣는 이야기였다. 실상 그는 회사에서 가정용 임신테스트기에 관한 논의가 진행중이라는 사실조차 전혀 모르고 있었다. 상사에게 관련 제안을 했다가 무안을 당한 것이 불과 몇 달 전이었다. 크레인은 곧장 오거넌의 제품 관리자를 찾아가, 문제의 회의가 실제로 열린다는 사실을 확인했다. 요행히도 크레인은 전에 제작해둔 시제품을 여태 책상에 보관중이었다. 그는 회의가 시작하기 전에 일찌감치 회의실에 들어가, 라디에이터와 최대한 가까운 자리를 찾아 앉았다. 원피스가 속히 마르기를 바라는 마음에서였다. 이어 크레인은 예의 그 시제품을 바로 앞 테이블 위에 올려놓았다.

    사람들이 서서히 회의실을 채우기 시작했다. 정장을 차려입은 열두 남성이 가정용 임신테스트기의 미래를 논한다는 명목으로 한자리에 모였다. 크레인은 그 자리의 유일한 여성 참석자였다. 회의를 막 시작하려는데, 외주 광고 제작자가 기획자 둘을 데리고 안으로 들어왔다. 그의 준수한 외모와 당당한 태도는 크레인의 관심을 사로잡았다. 얼마 후 크레인은 그가 아이라 스터테반트라는 이름을 가졌고 장차 출시될 가정용 임신테스트기의 광고 카피를 쓸 목적으로 회의에 참석했다는 사실을 알아냈다. 어느덧 테이블 위에는 다양한 시제품이 나열되었다. 크레인이 디자인한 합리적이고도 효율적인 시제품은 그 줄의 맨 끝, 원래 그가 놓아두었던 자리에 얌전히 놓여 있었다. 다른 테스트기들의 면면을 보니 부드러운 난원형 플라스틱 용기에 담긴 것이 있는가 하면, 뚜껑에 여성스러운 핑크색 술이 대롱대롱 매달린 것이나 테두리가 다이아몬드로 섬세히 장식된 것도 있었다. 크레인의 시제품을 제외하고는 전부 남성들이 디자인한 임신테스트기였다. (이 이야기를 내게 들려줄 당시 크레인은 그처럼 황당한 시제품이 만들어진 이유는 사측의 요구로 디자이너들이 가장 가까운 가족과도 신제품의 디자인을 의논할 수 없었기 때문일 거라고 짐작했다. 요컨대 이 남성들은 스스로 디자인한 가정용 임신테스트기가 여성이 사용하기에 적합한지를 심지어 아내에게조차 확인받지 못한 상태였다.) 회의가 시작되자 스터테반트는 각각의 디자인을 쭉 훑어보더니 크레인의 시제품을 집어들면서 이렇게 단언했다. "이것 말고는 쓸 만한 게 없네요."

"아니, 아니, 그건 그냥 메그가 얘기나 꺼내보려고 가져온 거예요." 부사장이 황급히 끼어들었다. 참고로 메그는 크레인이 요즘도 사용하는 별명이다. "진짜는 이쪽입니다." 부사장은 다른 디자이너들이 가져온 시제품을 가리키며 이렇게 덧붙였다.

하지만 스터테반트는 다른 시제품들이 전부 중요한 부품 한 가지를 빠뜨렸다고 지적했다. 여성들이 임신검사에 쓸 소변을 도대체 어디에 받아야 하느냐는 것이었다. 돌연 침묵이 회의실을 가득 채웠다. 그야말로 모두의 허를 찌르는 질문이었다. "주방 찬장에서 꺼낸 유리잔?" 한 사람이 조심스럽게 제안했지만, 정작 그 사람도 자신의 아이디어가 썩 바람직하게 들리진 않는다는 사실을 알았다. 문제의 단계를 염두에 두고 제품을 디자인한 이는 단 한 사람, 크레인뿐이었다.

자, 이즈음에서 크레인의 가정용 임신테스트기가 작동하는 원리를 들여다보자. 우선 제품의 전체적 크기는 여성이 한 손으로 쥐기 좋게 작았다. 훗날 한 신문이 특대형 담뱃갑에 비교할 정도였다.[3] 검사 용기는 단단하고 투명한 플라스틱을 사용해 직사각형으로 제작되었고, 여성들은 그 용기의 네모난 뚜껑에 소변을 받도록 되어 있었다. 그런 뒤에는 점안기로 소변을 몇 밀리미터가량 뽑아내 건조된 토끼 항체와 양 피가 든 시험관에 옮겨 담아야 했다.

수돗물도 첨가해야 했다. (참고로 후기 모델에서는 작은 용기에 나눠 담은 증류수를 테스트기의 구성품에 포함시켰다.) 일단 액체를 혼합한 뒤에는 검사 용기를 두 시간 동안 절대 건드리지 말아야 했다. 이는 대단히 중요한 절차로, 가만히 두지 않고 약간의 진동이나 사소한 움직임이라도 발생하는 순간, 결과의 판독이 어렵거나 불가능해지는 까닭이었다. 여성이 임신했을 경우 시험관 바닥에 있던 물질은 적갈색 도넛 모양이 되었고, 이는 용기 바닥에 설치해둔 거울에 비친 반사상을 통해 확인할 수 있었다. 이때 도넛은 두꺼울 수도 있고 얇을 수도 있었지만, 두께에 관계없이 그 존재만으로도

캐나다와 유럽에서 판매된 가정용 임신테스트기
프리딕터의 초창기 모델.
이미지 제공: 메그 크레인.

여성의 임신을 알리는 제법 확실한 표지였다. 도넛이 없으면 임신이 아니었다. 한편 도넛을 만든 붉은 선들이 끊겨 있을 때에는 결과를 단정할 수 없다는 이유로 검사의 재시행이 권장되었다.

확실히, 이 최초의 가정용 임신테스트기는 오늘날 통용되는 제품들에 비하면 용법이 그리 단순하지 않았다. 고등학교 화학 실험을 연상시키는 열두 단계의 과정을 거쳐야만 검사가 가능했으니 말이다. 하지만 그게 복잡하다 한들 케이크 레시피를 따라 하는 일보다 어려웠을까?

그럼에도 반대의 목소리는 존재했다. 오거넌의 경영진은 크레인의 시제품이 여느 대량생산 제품에 비해 지나치게 고가의 재료들을 사용한다며 불만을 제기했다. 특히 플라스틱 용기는 투명하고 빛이 잘 들어 결과를 쉽게 관찰할 수 있게 해준다는 점에서 그 테스트기의 가장 기발한 부품이었음에도, 단순히 그 목적만으로 제조하기에는 너무 많은 비용을 잡아먹는다고 했다. 고로 크레인은 (시간급 근로자였던 까닭에 무급으로) 사흘간 휴가를 내고, 적당한 가격에 문제의 상자를 제작할 만 가정용 임신테스트기 프리딕터에 첨부된 설명서.
아이라 스테테반트가 문안을 작성했고,
메그 크레인이 그림을 그렸다.
이미지 제공: 저자, 설명서 제공: 메그 크레인.

한 플라스틱 제조사를 찾아 나섰다. 그렇게 브롱크스와 뉴어크, 롱아일랜드의 온갖 플라스틱 회사에 전화를 돌리고 발품을 팔아 찾아다닌 끝에, 마침내 펜실베이니아에서 오거넌 경영진이 추산한 비용의 3분의 1 가격에 그 상자를 제작할 수 있다는 회사를 찾아냈다. 이 마지막 장애물이 제거되자 오거넌은 크레인이 디자인한 가정용 임신테스트기로 특허를 획득했다. 기업 자격으로 발명품에 특허를 받는 일은 불가능했기에, 1969년 크레인은 해당 디자인에 대한 권리를 1달러에 넘기라는 사측의 제안을 받아들였다. 하지만 그는 "끝내 문제의 1달러를 받지 못했고, 당초의 약속과 달리 특허증도 받지 못했다"라고 내게 씁쓸히 말했다. 크레인은 제품 및 포장 디자인 작업을 수행한 몇 달 동안 오거넌에서 받은 급여를 제외하고는 자신의 발명품과 관련해 단 한 푼도 이윤을 남기지 못했다.

그런 와중에도 크레인은 자신의 디자인을 콕 집어 고른 예의 그 잘생긴 광고 제작자 스터테반트에게 첫눈에 반했다. 그날 저녁 퇴근 후 크레인은

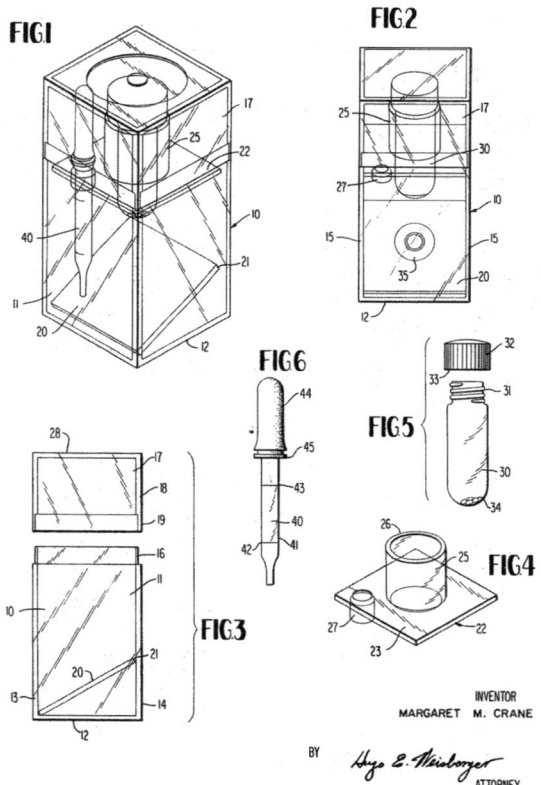

메그 크레인이 디자인한 가정용 임신테스트기의 특허증.
미국 특허청에 신청된 날짜는 1969년 1월 22일이다.
이미지 제공: 미국 특허청.

평생의 반려자로 삼고픈 남자를 만났다고 룸메이트에게 털어놓았다. 임신테스트기 디자인이 채택된 뒤 크레인에게는 그 남자와 매일매일 함께 일할 명분이 생겼다. 협업 초반 두 사람의 만남은 철저히 사무적이었다. 오거년이 '프리딕터'라고 명명한 그 임신테스트기의 디자인을 세부적으로 논의하는 게 주업무였다. 크레인은 소용돌이 꼴로 디자인한 제품 로고 P에 적합한 색상을 고르기 위해 여성들을 만나서 의견을 청취했다. 특히 구역감과 같은 초기 증상을 감지하고 불안해하는 여성들의 마음을 진정시키는 한편 깨끗하면서도 전문적인 인상을 줄 만한 디자인과 색상을 원했다. 그렇게 두 사람이 함께 일한 지도 몇 주가 지났을 무렵, 일과를 마친 어느 저녁에 스터테반트는 가볍게 한잔하자며 맨해튼 미드타운에 있는 바클레이 호텔로 크레인을 데려갔다. 그로부터 몇 달 후 스터테반트는 크레인의 집으로 거처를 옮겼고, 오래지 않아 두 사람은 독자적인 광고대행사를 창업했다. 스터테반트는 수석 카피라이터, 크레인은 디자이너였다.

캐나다와 프리딕터

스터테반트와 크레인은 2008년 스터테반트가 사망할 때까지 생을 함께했지만, 정작 그들을 맺어준 가정용 임신테스트기는 미국에서 생각만큼 즉각적인 성공을 거두지 못했다. 1969년 1월 22일 오거넌은 크레인의 명의로 두 개의 특허를 신청한 다음, 가정용 임신테스트기의 대량생산에 돌입했다. 그러나 미국 시장은 결코 호락호락하지 않았다. 가정용 임신테스트기는 부정확하며, 손쉽게 구할 수 있을지언정 자칫 여성들이 거짓양성 결과를 믿고 불필요한 임신중지를 서두르게 하거나 거짓음성 결과를 믿고 의료기관 방문을 지체하게 만들 소지가 있다는 논조의 기사들이 쏟아져나왔다.[4] 임신검사를 집행하고 그토록 중요한 소식을 전달할 권한은 오로지 의사와 실험실에만 주어져야 한다는 주장이 개업 의사와 제약회사, 미디어를 중심으로 제기되었다. 오거넌은 비교적 우호적인 시장으로 눈길을 돌렸다. 캐나다였다.

왜 하필 캐나다였을까? 그럴듯한 이유 중 하나는 오거넌이 캐나다를 미국 시장 진출의 실험적 교두보로 여겼다는 것이다. 1969년 캐나다는 임신이 여성에게 신체적으로나 정서적으로 유해하다고 판단되는 경우에 한해 임신중지를 합법화했고, 대도시권에서는 다수의 의사가 이 새로운 법을 자의적으로 해석하고 있었다. 가정용 임신테스트기는 여성이 자신의 임신 여부를 보다 쉽게 확인할 수 있도록 해줄 터인 데다가 미국과 달리 이미 캐나다에서는 의사의 처방 없이 약국에서 임신테스트기를 구입하는 일이 합법적으로 가능했다. 따라서 오거넌은 캐나다에서 먼저 가정용 임신테스트기를 출시해 그와 같은 제품의 수요를 가늠해보기로 했다.

한편 또다른 제약회사인 덴버케미컬제조사 역

시 캐나다의 자회사 덴버연구소를 통한 가정용 임신테스트기 판매 사업을 진지하게 검토하고 있었다. 해당 제품은 '콘피델'이라는 상품명으로 1970년 말부터 시중에 판매되기 시작했다. 오거넌이 콘피델의 출시에 자극받아 경쟁 상품을 출시했다고 판단할 근거는 희박하지만, 여하튼 문제의 캐나다산 임신테스트기는 캐나다의 유력 여성 잡지 『샤틀레인』에 한차례 전면 광고를 냄으로써 그것이 캐나다에서 최초로 만들어졌을 뿐만 아니라 세계에서 최초이기도 하다는 사실을 독자들에게 강조했다.

하지만 오거넌은 자사의 가정용 임신테스트기로 덴버연구소를 재빨리 따라잡았다. 오거넌은 기꺼이 더 많은 광고를 집행했을 뿐 아니라, 콘피델의 바람을 잠재우고 더 낮은 가격에 가정용 임신테스트기를 내놓을 여력도 갖추고 있었다.

콘피델이 캐나다 약국에 등장한 시기는 1970년 12월 초였다. (프리딕터는 이듬해인 1971년 여름에 출시되었다.) 여성들은 권장소비자가격 5달러 50센트(캐나다 달러)에 그 가정용 임신테스트기를 은밀히 구매한 다음 각자의 집에서 임신 여부를 확인할 수 있었다. 비교 차원에서 말해두자면, 해당 테스트기의 출시 안내 기사와 동일한 지면에 실린 광고 속 메이든폼 브라의 가격은 6달러 50센트였다.[5] 한편 실험실 임신검사에 소요되는 비용은 7달러였는데, 처리 과정에서 여러 사람의 손을 거쳐야 하기 때문이었다. 그렇지만 캐나다라고 해서 가정용 임신테스트기를 바라보는 시선이 마냥 따뜻했던 건 아니다.

가정용 임신테스트기가 출시되고 딱 한 달 뒤, 브리티시컬럼비아 지역 신문 〈프로빈스〉는 캐나다 서부 해안 지역에서 그 제품이 인기를 끄는 사회적 풍토에 대해 보도했다.[6] 기사에 따르면 문제의 임신테스트기는 약국에서 매진되는 사례가 빈번했다. 그렇지만 해당 기사에 소개된 인터뷰에서 브리티시컬럼비아주의 약사 밥 포트는 자신의 약국에서는 그와 같은 제품들을 판매하지 않을 생각이라고 밝혔다. 여성들이 가진 역량으로는 믿을 만하고 정확한 검사 결과를 얻을 수 없다는 것이었다. 포트의 약국에서는 앞으로도 꾸준히 (더 비싼) 실험실용 임신테스트기만을 취급할 계획이었다. 약 1년 뒤 〈캘거리 해럴드〉에 실린 한 기사에 따르면, 가정용 임신테스트기의 인기는 집에서 실시하고 결과는 우편으로 통지받는 도말표본 검사라든지 아이의 성별 선택을 도울 수 있다고 장담하는 "자가 자녀 선별 키트", 임신 기간 중 태아의 성별을 예측해준다는 "프리-나-텔" 등을 위시한 여타 가정용 의료 테스트기가 한때 일으킨 "열풍"과 그 맥을 같이했다.[7] 요컨대 가정용 임신테스트기를 비롯한 이들 검사 도구는 신뢰성이 부족한 일시적 유행 상품에 불과하다는 일축이었다.

이렇듯 비판적인 시선에도 불구하고, 가정용 임신테스트기는 캐나다 시장에서 비교적 큰 도시들을 중심으로 상당한 성공을 거두었고, 비록 더디긴 해도 꾸준하게 팔려나갔다. 캐나다 국경 인근에 사는 미국 여성들은 임신테스트기를 손에 넣을 목적으로 종종 국경을 넘나들었다. 온타리오주 윈저에 자리한 어느 약국에서는 가정용 임신테스트기 구매자의 50퍼센트가량이 미국 여성일 정도였다.[8] 유럽과 영국에서도 비슷한 유형의 임신테스트기들이 시장에서 성공적으로 판매되었다. 그럼에도 과학적 명칭으로 적혈구응집억제검사라고 불리는 이 검사법은 이후의 임신테스트기들이 누린 인기의 수준에는 결코 미치지 못했다. 의사들은 가정용 임신테스트기를 깎아내리기 일쑤였는데, 실험실용 임신테스트기에 비해 정확도가 떨어진다는 것이 그 이유였다. 그리고 이는 엄연

캐나다 최초로 시판된 가정용 임신테스트기 콘피델의 광고.
『샤틀레인』, 1971년 9월호 64쪽.

한 사실이었다. 아래쪽 서랍을 여닫거나 아이들이 앞에서 뛰어다니는 식의 아주 가벼운 진동에도 가정용 임신테스트기는 결과가 흐트러져 재검을 요할 소지가 다분했으니 말이다.

결국 시간은 당신의 편입니다

미국에서는 캐나다와 사뭇 다른 서사가 전개됐다. 심지어 가정용 임신테스트기가 세상에 등장하기 이전에도 미국에서는 유럽과 캐나다에 비해 실험실용 임신테스트기에 대한 규제가 유독 엄격했다. 1960년대 즈음 미국 바깥에서는 여성이 약국에 가서 약사의 지도하에 임신테스트기를 구입할 수 있었다. 그러나 미국에서는 임신검사 자체가 의료시술로 간주되었던 까닭에, 주치의가 진찰을 거쳐 의뢰한 여성들만이 실험실 임신검사를 받을 수 있었다. 결과 분석은 언제나 실험실에서, 다시 말해 크레인이 오거넌에 다닐 때 방문했던 곳과 비슷한 시설에서 진행되었다. 일부 페미니스트와 급

진주의자 들은 여성들에게 가정용으로 출시되지 않은 실험실용 임신테스트기의 사용법을 익혀 병의원 이외의 장소에서 임신검사를 실행할 것을 권장하기도 했다.[9] 1973년 뉴저지주의 한 작은 의약품점은 미국 최초로 여성들이 의사의 처방전 없이도 임신검사 키트를 사용할 수 있다는 광고를 내걸고 자체적인 임신검사를 시도했다가 문을 닫아야 했다. 1953년 제정된 법률에 따르면 전문 면허를 가진 사람만이 체액을 다룰 수 있다고 규정된 탓에 해당 행위가 불법으로 간주되었기 때문이다.[10] 게다가 의사와 실험실이 주관하는 임신검사 역시 오로지 일부 여성에게만 접근성이 보장되었다.

한편 미국식품의약국FDA과 보건국은 시장에 새

롭게 출시되는 임신테스트기의 동향에 언제나 밝을 수만은 없었다. 1972년 12월 FDA는 가정용 임신테스트기 수천 개를 대상으로 리콜 명령을 내렸는데, 〈뉴욕타임스〉 기사에 따르면 문제의 임신테스트기에는 "자가 임신 탐지기do-it-yourself pregnancy detection kits"라고 적힌 라벨이 붙어 있었다.[11] 그 제품들은 FDA에 적발되기 전까지 1년 동안 시중에서 판매되었을 뿐 아니라 이런저런 여성 잡지에 광고가 실리기도 했다. FDA는 이들 임신테스트기를 시장에서 끌어낸 이유가 "부정확하고, 신뢰성이 떨어지는데다, 대체로 거짓된 결과를 제공하기" 때문이라고 발표했다. 문제가 된 가정용 임신테스트기는 크레인이 디자인한 제품과 형태가 달랐고, 과학적 근거도 상당히 의심스러웠다.[12] 오바II라는 상품명으로 시장에 유통된 그 임신테스트기의 제조사 대표는 FDA의 보고를 반박하면서 해당 제품의 신뢰도가 93퍼센트라고 주장했다. 이 주장은 훗날 독립적 임상 시험을 통해서 오류로 밝혀졌다. 알려진 바 오바II는 소변 속 에스트로겐 농도를 측정해 임신 여부를 판단했는데, 그 정확도가 기껏해야 동전 뒤집기에서 앞면 혹은 뒷면이 나올 확률과 엇비슷했다. 궁극적으로 FDA는 그 임신테스트기의 과학적 근거에 대해서는 문제삼지 않으면서도 어쨌든 약품인 만큼 여성이 그 제품을 적법하게 사용하려면 일단 FDA의 승인이 선행되어야 한다는 점을 분명히 했다.[13]

1975년 7월 오바II의 제조사 패러데이는 FDA를 상대로 법원에 소송을 제기해 결국 승소했지만, 그 이유는 판사가 여성들이 가정에서 임신검사를 시행할 권리를 인정했기 때문이 아니었다.[14] 판사는 임신테스트기의 정확성 여부는 중요하지 않다고 봤다. "수정부터 분만 혹은 다른 종결에 이르기까지의 전 과정은 인류가 자체적 번식을 시작한 이래로 알려진 여러 관찰 가능한 신체적 사건 및 변화를 수반한다"는 것이 그의 판단 근거였다. 달리 말해 그 판사는 임신테스트기가 여성이 머지않아 스스로 알아차릴 법한 사실 이상의 무엇을 알려줄 수 없다고 여겼다. 어차피 임신테스트기를 사용하는 사람은 필시 정자 및 여성생식기가 관계된 성교를 가진 뒤 적어도 한 번은 월경주기를 걸렀을 테니 말이다.[15] 그의 논리에 따르면 임신테스트기는 장치의 개입 없이도 불원간에 저절로 드러날 소식을 확인해줄 뿐이었고, 그러므로 진단 행위와는 어차피 무관한 물품이었다.

이 같은 판결에도 불구하고 미국 시장에는 그로부터 여섯 해가 지난 1978년에야 또다른 가정용 임신테스트기가 등장했다. 그 미국 최초의 신뢰할 만한 가정용 임신테스트기는 ('조기 임신 테스트early pregnancy test'라는 뜻에서) EPT라는 상품명으로 출시되었다. EPT는 크레인이 디자인한 프리딕터와 모양이 흡사했는데, 그 무렵 일반 의약품 사업을 정리하기로 결정한 오거넌이 몇몇 제약회사에 동일한 디자인의 사용을 인가한 데 따른 결과였다.[16] (EPT가 등장하고 몇 달이 채 지나지 않아 똑같은 디자인을 적용한 두 개의 가정용 임신테스트기가 각각 앤서와 아큐테스트라는 이름으로 출시되었고, 프리딕터 역시 곧이어 미국 시장에 선을 보였다.) EPT의 초창기 지면 광고에는 장황한 지문과 더불어 주로 웃고 있는 이성 부부가 등장했다. 이들 광고의 마지막 구절은 다음과 같았다. "이제 의사에게 전화할 때 당신이 직접 검사한 결과를 알려주세요. 결국 시간은 당신의 편입니다." 이 문구의 기저에는 가정용 임신테스트기가 의료기관을 우회하지 않는다는 인상을 심어줌으로써 미국 대중을 안심시키려는 의도가 깔려 있었지만, 그 뜻이 모호하기는 하다. 한편으로 이 문장은 여성들이 임신을 미리 진단한 뒤 출생 전 관리를 되도록 일찍 시작할 것을 독려하는 의미를 지녔다. 1970년대 말에는 흡연과 음주가 발달중인 태아에게 해를 끼칠 수 있다는 명분하에 여성들에게 출생 전 관리를 점점 더 장려하는 추세였다. 또 한편으로 시간이 당신의 편이라는 광고 문구는 특히 임신중지를 받으려면 장거리를 이동해야 하는 여성에게 스스로 임신중지를 원하는지 숙고할 시간을 보장한다는 의미로도 해석될 여지가 있었다. 1978년 무렵에는 임신중지가 미국 모든 주에서 5년 전부터 합법화된 상태였지만, 원한다고 해서 언제나 그 시술을 받을 수 있는 건 아니었다. 가정용 임신테스트기는 여성이 계획되지 않은 임신으로 인한 파문을 고려하는 한편 임신중지를 비롯한 후속 단계를 고민할 시간도 벌어주었다. 사적으로 시행하는 임신검사가 그 같은 결과를 불러오리라는 것을 해당 광고의 담당자들이 염두에 두지 않았을 리 만무했다. 이 가정용 임신테스트기 덕분에 여성들은 이후의 결정을 고려하는 데 더 많은 선택지와 더 많은 시간을 확보할 수 있었다.

하지만 이와 같은 초창기 가정용 임신테스트기

들은 가격이 만만치 않았다. 이들 제품의 권장 판매가였던 10달러는 오늘날의 화폐가치로 환산하면 40달러에 해당하는 액수다. 설상가상으로 여성들은 첫번째 검사의 정확성을 담보하는 차원에서 테스트기를 두 개씩 구입할 것을 권장받았다. 특히 음성 결과가 나왔을 때는 더더욱 그러했는데, 검사 시기가 너무 이를 경우 자칫 잘못된 결과가 도출될 수 있다는 이유에서였다. 이러한 비용 문제는 가정용 임신테스트기의 잠재적 여성 소비자를 축소시키는 결과로 이어졌다. 이를테면 소득이 적은 노동자 계급 여성들이나 가족 몰래 임신 여부를 확인하고 싶어하는 소녀들이 분명히 존재했음에도, 높은 가격은 여윳돈 10~20달러도 없는 여성들이 테스트기를 구입할 엄두조차 낼 수 없게 만들어버렸다. 가정용 임신테스트기는 어느 정도 재력을 갖춘 여성들만이 이용 가능한 또하나의 재생산 기술이었다.

    법원이 패러데이의 손을 들어주자 FDA는 항소로 맞섰다. 더욱 의미심장하게도 의회는 FDA에게 약물이 아닌 의료 장비에 대한 감독권까지 부여하는 법안을 상정했다.[17] 미국 제약회사 워너램버트는 가정용 임신테스트기를 의료 장비로 분류하는 법안이 의회에서 통과될 가능성을 간파하고는, 해당 법안이 통과되기 전에 서둘러 가정용 임신테스트기 개발에 착수했다.(훗날 워너램버트는 화이자에 매각된다.) 그러더니 1976년 봄에 슬며시 EPT를 출시했다.[18] 광고는 전혀 내보내지 않았고, 미디어도 그 임신테스트기의 출시와 관련해 대체로 침묵을 지켰다. 이렇듯 조용한 출시에도 불구하고, 워너램버트는 1976년 의료장비법이 통과되어 마침내 가정용 임신테스트기가 의료 장비로 분류되기 전에 자사의 테스트기를 제한된 시장에서 미리 유통시켜둔 덕분에 2년 후에 시중판매에 대한 공식적 승인을 구하지 않고도 보다 폭넓은 시장에 진출할 수 있었다. 워너램버트가 EPT를 출시하고 얼마 지나지 않아 다른 제약회사 몇 곳에서도 모방 제품을 앞다퉈 출시했다. 그 제품들은 모두 EPT와 동일한 디자인을 사용했기에, 구태여 1976년 법에 따른 FDA 승인 절차를 거칠 필요가 없었다.

한데 왜 미국에서는 크레인이 특허를 받은 이후로 거의 8년이 지난 뒤에야 가정용 임신테스트기의 시중판매가 가능해진 것일까? 실험실용 임신테스트기는 이미 거대한 사업이었고, 확실히 오거넌을 비롯한 여러 제약회사와 의사들이 운영하는 병의원에서는 기존의 수익성 좋은 시스템을 흔드는 장비가 등장하는 것을 탐탁지 않게 여겼다. 그러나 1960년대 말부터 꾸준히 힘을 축적해온 합법적 임신중지를 지지하는 사회운동이 가정용 임신테스트기를 미국 시장에 도입할 필요성이 있는지를 둘러싼 담론에 필연적으로 영향을 미쳤다.

1967년 콜로라도주는 강간과 근친상간의 경우 또는 임신이 여성의 생명을 위협하는 경우에 한하여 임신중지를 허용하는 법안을 통과시켰다. 오래지 않아 캘리포니아주와 노스캐롤라이나주, 오리건주에서도 비슷비슷한 법안이 통과되었다. 1970년 하와이는 임신중지를 합법화한 첫번째 주가 되었고, 같은 해에 뉴욕주는 임신중지 금지법을 폐지함으로써 임신 6개월 내에는 합법적 임신중지가 가능하도록 길을 열어주었다. 또한 이러한 경향이 사회적으로 점차 짙어지면서, 1973년 로 대 웨이드 판결이 내려지기도 전에 하와이와 뉴욕에 뒤이어 10개 주에서 추가로 기존 법령을 폐지하거나 새로운 법안을 통과시킴으로써 임신중지를 합법화했다. 1970년 미국은 바야흐로 문턱에 서 있었다. 여성이 자신의 재생산 생활에 대해 스스로 결정할 권리를 허용하는 방향으로, 미국은 이제껏 닫아두었던 문을 활짝 열어젖히려는 참이었다.

 임신중지의 합법화는 분명 중요한 전환점이었지만, 일부 사람들에게는 가정용 임신테스트기가 지나친 진보의 산물로 비칠 소지가 있었다. 가정용 임신테스트기는 여성들이 처음부터 스스로의 결정을 통제할 수 있게 해줄 터였다. 이는 곧 여성들이 임신검사를 흔쾌히 시행해줄 의사를 찾아낼 필요도, 그 의사에게서 검사의 동기나 차후 계획에 대해 의심받을 위험도 없어진다는 뜻이었다. 그렇게 되면 이제 여성들은 스스로 준비를 마칠 때까지는 자신의 소식을 그 누구와도 공유할 필요가 없었다. 가정용 임신테스트기는 여성의 몸을 여성 자신보다 의사가 더 잘 안다는 인식을 여성에게 주입하는 부인과 의료계 특유의 가부장적 문화를 뒤엎을 잠재력을 지니고 있었다. 미국의 입법자와 제약회사와 의사 들이 자신들의 권위 저하를 감수하고 가정용 임신테스트기를 받아들이기까지 8년이라는 세월이 걸렸다. 또한 그 와중에도 그들은 여성들에게 의사를 찾아가 검사 결과의 진위를 확인할 것을 권고하는 문구를 모든 가정용 임신테스트기 상자와 방송 및 지면 광고에 기어이 집어넣었다.

크레인은 자신이 거대 제약회사의 프리랜서로서 수행한 업무가 미국 여성들과 임신 사이의 관계를 완전히 바꿔놓으리라고는 꿈에도 상상하지 못했다. 하지만 그런 크레인도 1960년대 말엽에는 시대의 변화를 뼈저리게 인식하고 있었다. "그 시절에 나는 열렬한 페미니스트가 아니었어요." 크레인이 내게 말했다. "하지만 여성의 삶이 젠더로 억압받고 있다는 사실은 확실히 이해하고 있었죠." 여성들은 오랜 세월 자신들의 생물학적 삶을 짓누르던 사회적·의학적 통제에 대항하고 있었다. 가정용 임신테스트기는 그 같은 변화를 가능하게 만들었다. 결국 시간은 우리 편이었다. 혹은 그런 것처럼 보였다.

2. 호르몬

1933년 로스앤젤레스. 심각한 경기 불황의 한가운데에서 〈로스앤젤레스 타임스〉는 여성의 삶에 일대 변화를 일으킬 만한 소식을 단 36시간 안에 알려준다고 장담하는 임신검사 광고를 지면에 싣기 시작했다. 광고문에 설명된 대로 "소변을 받아서 피게로아 거리에 위치한 드러그뎁트에 직접 혹은 우편으로 제출"하면, 여성은 자신의 임신 여부를 36시간 안에, 그것도 단돈 5달러에 확인할 수 있었다.[1] 1933년에 5달러는 오늘날의 화폐가치로 환산하면 100달러에 맞먹는 액수였다. 결코 적지 않은 금액이었지만, 임신 여부를 하루빨리 확인하고 싶어하는 사람에게는 꽤 합리적인 투자 비용으로 여겨질 법도 했다.

> PREGNANCY test from urine, early diagnosis. Dr. Hand. 920 W. Venice. PR.2126

▲신문에 실린 임신검사 광고, 〈로스앤젤레스 타임스〉, 1934년 7월 22일자.

▼신문에 실린 임신검사 광고, 〈로스앤젤레스 이브닝 포스트 레코드〉, 1934년 7월 18일자.

> **PREGNANCY TEST**
> **From Urine**
> WHY be in doubt? Research Lab., 355 S. Broadway, room 202. MU. 2896.

그로부터 한 해가 채 지나지 않아 로스앤젤레스 곳곳의 병원에서는 상업적 임신검사에 필적할 만한 진료 서비스를 경쟁적으로 제공하기 시작했다. 때로는 〈로스앤젤레스 타임스〉 한 호에 임신검사 관련 광고가 일곱 개나 실리기도 했고, 1935년 즈음에는 병원들이 2달러, 오늘날 화폐 가치로 환산하면 38달러라는 저렴한 가격에 임신검사를 시행하기도 했다. 이들 광고에 실린 문구에는 관련 병의원의 잠재적 환자들이 가졌던 동기와 우려가 동시에 반영되어 있었다. 1934년의 한 광고에서는 "임신이 걱정되십니까?"라는 질문으로 환자의 이목을 끌었다. 정확성과 비밀 보장은 물론 신속성까지 약속하는 광고들도 있었다. 검사 결과를 "한 시간 안에" 알려준다고 호언장담하는 광고가 있는가 하면, "정제된 환경"을 강점으로 내세우는 광고도 확인할 수 있다. 이런 짤막짤막한 광고에 드러난 소소한 정보만으로는 문제의 진료를 받고자 비용을 지불한 여성이 겪었을 법한 일들을 기껏해야 몇 가지밖에 짐작할 수 없다. 개중에는 여성에게 집에서 미리 아침 소변을 받아올 것을 권장하는 광고도 더러 있었는데, 아마도 1930년대에는 임신한 여성이 병의원에서 컵에 소변을 받는 행위가 예사로운 절차로 여겨지지 않았던 듯싶다. 또한 면허를 가진 의사가 검사를 진행한다는 점과 "일곱째 날 이후"에는 임신 여부를 확인할 수 있다는 점을 특징으로 내세우는 광고도 제법 있었는데, 여기서 일곱째 날이란 생리를 한 번 거르고 7일째 되는 날을 일컫는 듯하다. 이들 광고에서 병원을 정제되고 내밀한 공간으로 묘사하게 된 배경에는 여성들의 불안을 잠재우겠다는 분명한 목적이 자리하고 있었다. 추측건대 여성들은 자신이 부정한 임신을 했고 임신중지를 도모했다는 이유로, 혹은 단순히 이전에는 취득이 불가능했던 지식을 탐했다는 이유로 임신검사가 여성성에 관한 도덕률을 위반하는 행위라고 느낀 듯하다. 이와 같은 임신검사를 받고자 병원을 찾은 여성들이 실제로 그 검사를 정확하고 믿을 만하다고 판단했는지는 알 수 없다. 다만 1934년 12월 16일에 한 병원이 게시한 광고에 따르면, 약칭 "A-Z 임신검사법"의 경우 그때껏 개발된 임신진단법 가운데 가장 신뢰할 만하다는 평판을 불과 몇 년 만에 얻게 되었다.[2]

토끼 검사법

아슈하임-존데크 임신검사법, 줄여서 A-Z 임신검사법은 1927년 젤마르 아슈하임과 베른하르트 존데크라는 두 명의 유대계 독일인 부인과 의사에 의해 개발되었다. 또한 알려진 바에 따르면 아슈하임-존데크법은 여성의 소변을 사용해 임신 여부를 판단하는 최초의 정확한 임신 진단법이었다. 오늘날의 여느 임신검사법과 마찬가지로, 아슈하임-존데크법은 올바르게 시행될 경우 오류율이 2퍼센트 미만으로 매우 낮았다. 하지만 오늘날의 여느 임신검사법과 달리 아슈하임-존데크법은 반드시 실험실에서 시행되어야 했는데, 그 절차가 까다롭고 복잡할뿐더러 어느 작은 동물의 죽음을 수반하는 까닭이었다. 아슈하임과 존데크의 발견이 획기적인 이유는 임신한 여성의 소변에서 앞서 언급되었고 오늘날 hCG라는 이름으로 불리는 호르몬이 검출된다는 사실을 밝혀냈다는 데 있었다. 모든 임신 진단법에서 가장 중요한 이 호르몬은 임신하지 않은 여성의 소변에는 존재하지 않는다. 아슈하임과 존데크는 여성의 소변에 함유된 hCG를 쉽게 검출하는 검사법을 개발한 덕분에 그 호르몬을 성공적으로 분리할 수 있었다. 그리고 바로 이 과정에서 예의 그 살아 있는 동물이 동원

되었다.

아슈하임과 존데크가 이용한 동물은 흰쥐였다. 과학 실험에 가장 흔히 쓰이는 동물일뿐더러 가격이 싸고 구하기도 쉽기 때문이다. 그들은 젊은 암쥐에게 임신한 여성의 소변을 며칠 동안 조금씩 주입하면, 쥐의 난소가 hCG에 반응하면서 특이하게 부어오른다는 사실을 발견했다. 임신하지 않은 여성의 소변을 주입했을 때는 쥐의 난소에서 별다른 변화가 관찰되지 않았다. 그러나 이들의 검사법에는 비용을 높이고 논란을 유발하는 중대한 걸림돌이 존재했다. 여성의 소변 내 hCG 유무를 판단하려면 소변을 주입한 쥐의 난소를 반드시 직접 들여다봐야 했고, 그러려면 쥐를 죽인 뒤 난소를 꺼내어 살펴볼 방법밖에 없었다. 임신검사를 한 건 시행할 때마다 쥐가 한 마리씩 죽어나갔다. 그렇게 아슈하임–존데크 임신검사법은 완성되었다.[3]

이렇듯 획기적인 발견을 이룩했음에도, 몇 년 후 아슈하임과 존데크는 독일을 쫓기듯이 떠나야 했다. 유대인 과학자와 의사의 학문적 직위를 박

탈하고 관련 활동을 더는 허용하지 말자는 사회적 분위기가 조성된 까닭이었다. 아슈하임은 파리로, 존데크는 이스라엘로 이주했고, 전쟁이 끝날 때까지 두 사람의 연구 활동은 중단되었다. 그사이 미국에서는 펜실베이니아대학의 모리스 프리드먼과 맥스웰 라팜이 아슈하임-존데크 검사법을 개량하면서 실험동물이 쥐에서 토끼로 대체되었다. 토끼는 몸집이 비교적 크기 때문에 쥐처럼 여러 날에 걸쳐 소변을 주입할 필요가 없었다. 딱 한 번의 주입으로도 충분했다. (쥐들은 한 번에 너무 많은 소변을 주입하면 검사 절차가 미처 완료되기도 전에 숨이 끊어져 결과를 미궁에 빠트리고는 했다.) 또한 토끼는 난소도 비교적 크기 때문에 결과를 더 정확하고 용이하게 판독할 수 있었다. 단, 토끼 역시 검사를 한 건 끝마칠 때마다 한 마리씩 죽어나가는 것은 매한가지였다. 프리드먼 검사법이 처음으로 대중에게 소개된 때가 1931년이다.[4] 의사들은 그 검사법에서 여성의 재생산 생활을 일변시킬 잠재력을 알아보았지만, 일각에서는 그 새로운 방법을 선뜻 받아들이지 못했다. 동물을 사육하고 죽이는 일은 비용이 많이 들고 골치 아픈데다가 누가 봐도 잔인한 짓이었다. 또한 여성이 아무리 자신의 임신 여부를 알고 싶어하고 확인시기는 빠를수록 좋다고 해도, 일부 의사와 당대의 임신 지침서들은 여성이 그런 검사를 시도하는 것 자체를 탐탁지 않게 여겼다.[5]

그렇다면 앞서 언급한 1930년대의 그 로스앤젤레스 지역신문 광고에 반응을 보인 이들은 누구였을까? 비록 공식적 기록이 남아 있진 않지만, 우리 나름대로 상상은 해볼 수 있다. 가령 최근 할리우드에 진출해 그 유망한 업계에서 스타로 우뚝 설 희망에 부풀어 있는 18세 여배우가 있다고 가정해보자. 우연찮게도 그는 감독 혹은 시나리오 작가와 잠자리를 같이하게 되었다. 그런데 월경이 늘어지자 걱정이 앞섰다. 혹시 페서리에 문제가 있었을까? 콘돔이 잘못되었을까? 아니면 그 당시 사후 피임법으로 통용되던 리졸 질 세정의 임신 방지 효과가 신통치 않았던 것일까? 임신은 여배우로서 쌓아온 경력의 종말을 의미했다. 1930년대에는 임신조절법과 관련해 여성이 고를 수 있는 선택지가 한정적이었다. '임신조절'(피임)이라는 용어가 생겨난 지도 얼마 되지 않은 시점인데다, 경구피임약의 실용화 역시 이후로 수십 년이 지나서야 이뤄졌으니 말이다. 여하튼 그 여배우는 신문에서 문제의 광고를 오려내 연인에게 보여주고는 검사비 명목으로 5달러를 받았다. 혹은 아무 것도 말하지 않기로 결심하고는 자신이 저축해둔 돈으로 검사를 받았을지도 모른다. 어느 쪽이든,

그 검사를 통해 이 여성은 자신의 몸에 대한 지식을 제공받았다. 불과 몇 년 전까지만 해도 심한 입덧이나 태아의 발차기와 같이 상당히 뚜렷한 임신 징후가 나타나지 않는 한 혼자서는 도무지 알 길이 없었던 지식을 말이다.

자, 이번에는 세 아이의 어머니인 38세 여성이 예의 그 임신검사 광고를 맞닥뜨렸다고 가정해보자. 이 여성 역시 월경이 늦어지고 유방통이 감지되자 임신의 징후일까 싶어서 걱정하던 와중이었다. 물론 임신이 아닐 가능성도 있었다. 어쩌면 연령 증가에 따른 호르몬 변화나 불규칙한 월경주기가 그 모든 증상의 원인일지도 모를 일이었다. 여성은 광고를 따로 잘 챙겨두면서, 남편과 그 문제를 상의할지 말지를 두고 고민에 빠졌다. 두 사람 다 더이상 아이를 원하지 않았다. 더욱이 대공황으로 경기가 워낙 위태로워서 가계 재정이 언제 무너지더라도 이상하지 않은 상황이었다. 일례로 1933년에 어느 캘리포니아 지역 의사는 적어도 한 명 이상의 여성이 그의 진료실에 찾아와 다급히 임신검사를 요청하지 않고 지나가는 날이 드물다는 내용을 기록으로 남기기도 했다. 그가 씁쓸하게 덧붙인 말에 따르면, 참으로 팍팍한 시절이었다. 여느 때 같으면 새 생명의 잉태를 반겼을 법한 여성들조차 임신을 확인한 뒤에는 임신중지 시술자를 찾아갈 정도였으니까.[6]

1930년대에는 미국 내 모든 지역에서 임신중지가 불법이었다. 하지만 그렇다고 해서 선택지가 아예 없지는 않았다. 여성들은 간혹 재정적으로나 자신의 건강 및 생명 측면에서 막대한 비용을 감수해서라도 몰래 시술을 해주는 의사나 조산사를 (비록 일부는 무자격자였지만) 구할 수 있었다. 또한 여성들 스스로 임신중지 약을 구입하는 것도 가능했다. 그러나 임신중지 약으로 쓰인 문제의 허브 혼합물은 유산을 유도할 가능성뿐 아니라,

자칫 독물 과다 복용으로 환자를 예기치 못한 죽음에 빠뜨릴 위험성까지 갖고 있었다. 한편 재정적으로 여유가 있는 여성은 바다 건너 혹은 국경 너머의 멕시코 등지로 가서 임신중지 시술을 받기도 했다. 1930년대 말에는 캘리포니아주 법을 우회하는 수단으로 그러한 선택지가 갈수록 인기를 끌었다.[7] 그런가 하면 가장 안전한 선택지로는 의사 위원회를 상대로 치료 목적의 임신중지를 소청하는 방법도 있었다. 요컨대 정신적 건강이나 육체적 건강상의 이유로 임신을 종결할 필요성을 호소하는 방법이었다. 하지만 의사들 사이에서 그 같은 이유로 임신중지를 허용할 근거와 의학적 공감대가 형성되지 않았던 탓에 치료를 위한 임신중지 결정은 위원 자격을 갖춘 (거의 예외 없이 백인 남성들로 구성된) 의사들의 일시적 기분에 따라 좌우되는 경우가 다반사였다. 여성이 어떤 길을 택하든, 그 첫번째 단계는 자신의 임신 여부를 확인해 앞으로의 인생행로를 정하는 데 반드시 필요한 정보를 얻어내는 일이었다. 문제의 5달러짜리 임신검사는 바로 그런 정보를 제공하고 있었다.

1930년대 로스앤젤레스에서는 도시 개발이 한창이었다. 거리들이 서서히 조성되고 있긴 했지만, 여전히 풍경의 대부분은 농지와 노지 그리고 군데군데 서 있는 단층집들이 차지했다. 로스앤젤레스 내에서 비교적 도시화된 곳들에는 땅딸막한 사무실용 건물이 반듯한 도로를 따라 늘어서 있었고, 그 사이로 간간이 보이는 고층 건물은 지평선의 연속성을 무너뜨렸다. 로스앤젤레스 다운타운 심장부에 자리한 피게로아 거리에는 상업적 임신 검사를 초기에 도입한 병원 가운데 한 곳이 터를 잡았다. 1930년대에도 로스앤젤레스는 이미 자동차의 도시였다. 피게로아 거리는 증가하는 교통량을 수용할 목적으로 건설되었고, 그 신도시에서도 특히 더 붐비는 거리에 속했다. 병의원과 약국은 보통 이런저런 상업적 건물의 내부에 자리했는데, 덕분에 앞서 언급된 〈로스앤젤레스 타임스〉의 광고에서 약속한 바와 같이 개별성과 익명성이 보장되는 환경을 조성할 수 있었다. 짐작건대 1930년대에 부인과 병원은 커다란 상담용 책상이 비치된 진료실과 접이식 침대라든가 기구 캐비닛이 설치된 검사실, 환자용 대기실을 비롯한 몇 개의 방으로 구성되었을 것이다. 그리고 약속대로 빠른 결과를 도출하기 위해 즉각적인 검사가 가능한 실험실도 하나쯤 마련해두었을 공산이 크다. 단, 임신검사의 유혈 낭자함을 감추기 좋게끔 구석진 자리에.

개구리 검사법

임신검사 이면의 그 필연적 유혈극은 아프리카발톱개구리라는 남아프리카 수생 양서류의 재생산 생활을 둘러싼 비밀이 밝혀지면서 마침내 종식되었다. 1934년 남아프리카공화국의 두 과학자 힐

렐 샤피로와 해리 즈바렌슈타인은 남아프리카에 서식하는 그 발톱개구리들을 대상으로 실험을 시작했다. 아프리카발톱개구리는 비교적 손쉽게 구할 수 있어서 예로부터 과학 실험에 널리 사용되던 동물이었다. 실험 과정에서 두 과학자는 흔히 제노푸스라고 불리는 이 개구리의 암컷이 오로지 수컷 개구리가 존재하는 환경에서만 알을 낳는다는 결정적 사실을 알게 되었다. (여느 개구리와 두꺼비는 자연적으로 알을 낳는다.) 암컷 개구리는 수컷 개구리와 분리될 경우, 몇 달 혹은 몇 년 동안이나 내리 알을 낳지 않는다. 이 양서류의 알은 꽤 큼직한 편이라, 만약 낳았다면 눈에 띄지 않을 리 없었다. 더욱이 두 사람의 발견은 그게 다가 아니었다. 그들은 임신한 여성의 소변을 제노푸스에게 주사하면 여성의 소변에 함유된 hCG가 그 개구리의 산란을 유발한다는 사실도 밝혀냈다. 게다가 소변을 소량만 주사할 경우, 제노푸스는 아무런 부작용 없이 임신검사에 반복적으로 사용할 수 있었다. 또한 소량의 hCG만으로도 그 개구리의 산란을 촉진하는 듯했다. 이른바 이 제노푸스 임신검사법은 이후로 30년에 걸쳐서 대중적 임신검사법으로 자리매김했다.

1938년에는 의사이자 연구자인 에드워드 R. 엘컨이 영국의 의학 학술지에 제노푸스 임신검사법을 중점적으로 소개하는 논문을 발표했는데, 검사 과정에서 겪게 되는 일들을 비단 검사자인 실험실 기사만이 아니라 피검사자인 여성의 입장에서도 면밀히 들여다보는 논문이었다. 그에 따르면, 문제의 임신검사를 받기 위해 병원을 찾는 여성에게는 다음과 같은 준비 사항이 전달되었다.

1. 소변을 수집하기 하루 전에는 수분 섭취를 제한하십시오.
2. 소변을 수집하기 며칠 전부터는 모든 약물

섭취를 삼가십시오.
3. 아침 소변을 깨끗한 병에 170밀리리터가량 수집하십시오. 멸균은 하지 않아도 무방합니다.
4. 소변을 보기 전에는 비시 광천수나 차 음용을 삼가십시오.[8]
5. 소변을 수집한 뒤에는 병을 최대한 빨리 병원으로 가져오십시오.

이러한 지시 사항을 따르지 않으면, 자칫 검사 결과가 무효화될 위험이 있었다. 결과가 확인될 때까지 짧게는 다섯 시간, 길게는 열두 시간이 걸렸다.[9]

엘컨은 관찰 결과 상당수의 여성이 소변 배출량

을 늘릴 목적으로 차나 물을 마신다는 사실을 간파했는데, 이는 여성들이 제노푸스 임신검사를 받는 과정에서 적어도 조금씩은 불안감을 느낀다는 방증이었다. 가만 생각해보면, 그것은 예견된 현실이기도 했다. 예의와 품격을 중요시하던 시대에, 평소 같으면 재빨리 폐기하던 몸속 체액을 적정 용량만큼 수집해 공공장소에 가져다주기란, 대다수의 여성에게 당혹스럽지는 않더라도 필시 불편한 경험이었을 테니까 말이다. 그럼에도 여성이 검사를 받기로 결심하고 자신의 소변을 건넸다는 것은 그만큼 자신의 임신 여부를 진정으로 알고 싶어했다는 의미였다.

병원에 도착한 소변은 냉장실에 두었다가 개구리에게 주사했다. 이후에 만약 개구리가 특유의 작고 동글고 끈적하고 질감이 캐비아와 비슷한 흑백의 알을 다섯 개 이상 낳으면, 해당 임신검사의 결과는 양성으로 간주되었다. 그러나 만약 열두 시간 뒤에도 개구리가 알을 낳지 않거나 한두 개밖에 낳지 않으면, 임신검사 결과는 음성으로 간주되었다. 이 특별한 흑백 반점 개구리들은 평소에 대형 수족관에서 사육되다가 검사를 시행할 때마다 한 마리씩 병 안에 따로 격리되었다. 또한 각 검사 사이에 휴식을 취하도록 조치되긴 했지만 외견상 반복적으로 사용해도 아무런 문제가 없어 보였다. 미국에서 제노푸스 검사법은 1944년부터 1960년대 중반까지 여성들이 받은 거의 모든 임신검사에 아프리카발톱개구리가, 나중에는 다른 여러 종의 개구리가 긴요하게 사용됐다고 해도 과언이 아닐 정도로 정말이지 대단한 성공을 거두었다. 캘리포니아주에서는 개구리를 사용한 임신검사법을 중심으로 하나의 산업이 태동했고, 캘리포니아개구리거래소와 같은 신생 사업체들이 스튜디오시티에 있는 벤투라 대로에 문을 열었다. 우연찮게도 그 거래소는 할리우드와 그곳 영화사

들의 지척에 자리해 있었고, 합법적 임신검사 뒤에는 종종 불법적 임신중지 시술이 수반되고는 했다.[10]

미국에서는 제노푸스 검사법이 채택되는 데 약간의 방해 요소가 존재했다. 특히 제2차세계대전 기간에는 남아프리카공화국에서 개구리를 채집하기가 굉장히 어려워졌다.[11] 더욱이 제노푸스 검사법은 오류에서도 자유롭지 않아서, 오히려 프리드먼 검사법과 비교할 때 거짓음성이 나오는 사례가 더 빈번할 지경이었다. 그럼에도 1942년 두 미국인 과학자가 미국의사협회 학술 대회에서 제노푸스 검사법을 소개했을 때, 미디어는 관심과 더불어 압도적인 호의를 드러냈다.[12] 신문에서는 "완벽한 임신진단법"을 발견했다고 연신 떠들어댔다.[13] 1947년에는 일부 의사들이 임신한 여성의 소변을 수컷 두꺼비나 개구리에게 주사하면 종에 따라서 사정을 유발할 수도 있다는 사실을 알아냈다. 이러한 검사에는 부포마리누스라는 (현재는 리넬라마리나라고 알려진) 남아메리카 두꺼비 수컷부터 라나피피엔스라는 북아메리카 개구리 수컷에 이르기까지 다종다양한 양서류가 사용되었다.[14] 이들 양서류는 아메리카대륙에 서식하는 까닭에 제노푸스에 비해 구하기가 상대적으로 수월했지만, 그 동물들의 소변에서 정자를 식별하기 위해서는 반드시 현미경을 사용해야 했다. 더 큰 문제는 이들 개구리와 두꺼비가 가끔은 이렇다 할 이유도 없이 사정을 할뿐더러, 짝짓기 철에는 그 같은 경향이 두드러진다는 점이었다.[15] 두꺼비와 개구리는 의사들이 동물을 학살하지 않고도 여성의 소변에서 hCG의 유무를 확인할 길을 열어주었지만, 그것 역시 불완전하고 골치 아픈 방법이기는 매한가지였다. 신뢰할 만한 임신 진단법을 원하는 수요는 분명히 존재했다. 그러나 이 사실과는 별개로, hCG를 검출하는 방법에는 개선이 필요한 실정이었다.

그런데 hCG란 정확히 무엇일까? 임신한 여성의 체액에서 발견되는 이 마법의 호르몬을 대관절 어떻게 설명할 수 있을까? 호르몬을 연구하는 학문인 내분비학은 비교적 새로운 분야다. 그리고 임신 관련 호르몬을 연구하는 학문인 재생산내분비학은 더더욱 새로운 분야다. '호르몬'이라는 단어 자체도 20세기 초 어니스트 스탈링이 '흥분시키다' 혹은 '자극하다'라는 뜻의 그리스 단어 '오르마오ormao'에서 영감을 받아 만들어내기 전까지는 세상에 없던 낱말이었다. 호르몬이 하는 일은 다음과 같다. 호르몬은 몸속 기관들의 활동을 유발한다. 호르몬은 변화를 일으킨다. 임신한 여성의 태반은 hCG를 생성하고, hCG는 임신 유지에 필수적인 또다른 호르몬 프로게스테론의 생성을 자극하는 데 중요한 역할을 한다. hCG가 임신 특이 호르몬이고 소변에서 검출된다는 사실의 발견은 일찍이 신뢰할 만한 실험실용 임신테스트기의 제작으로 이어졌다. 또한 hCG 항체를 비롯한 항체들의 다양한 용도를 실험하는 면역학 및 내분비학의 발전은 마침내 동물을 죽이거나 수족관에 산 채로 잡아둘 필요가 없는 임신검사법의 개발로 귀결되었다.

적혈구응집억제검사

1960년 스웨덴의 두 의사 라이프 비데와 카를 옘셀은 이른바 적혈구응집억제검사 라는 것을 개발해 학계에 발표했다. 여기서 '응집'이란 적혈구를 엉기게 한다는 뜻이고, 적혈구응집억제검사란 여성의 소변에서 hCG의 존재에 기반한 혈구 엉김이 진행되는지 억제되는지를 살펴봄으로써 임신을 진단하는 방법을 일컫는다. (뒤에서도 설명하겠지만, 임신일 경우에는 혈구 엉김이 억제된다.) 비데와 옘셀은 자신들이 진행한 임신 진단 관련 실험이 소기의 성과를 거두자, 이내 그 검사법이 소비자들의 관심을 모으리라는 것을 직감했다. 실제로 그들은 1960년 발표한 논문 「면역 임신 반응 검사」의 끝부분에서 오거넌, 즉 그로부터 7년 뒤 메그 크레인을 고용한 그 회사가 두 사람의 발견을 근거로 실험실 임신검사법을 개발할 예정이라고 언급하기도 했다.[16]

아닌 게 아니라 1960년으로부터 고작 몇 년이 지나는 동안, 여성이 적혈구응집억제검사를 통해 임신을 진단받는 사례가 점점 더 늘어갔다. 그 기술을 적용한 임신테스트기가 오거넌에 의해 최초로 시중에서 판매되었고, 제품명은 프로그노스티콘이었으며, 검사 장소는 그 제약회사의 실험실이었다. 오늘날의 임신테스트기는 결과를 양성 또는 음성으로 명확하게 제시한다. 또한 토끼나 양서류를 사용한 검사법 역시 결과를 직접적으로 제공하는 편이었다. 반면에 적혈구응집억제검사의 판독 방식은 실험실에서 제조한 토끼 hCG 항체와

hCG 항체로 코팅한 건조된 양 혈액으로 만든 특수 혈청을 여성의 소변에 혼합한 뒤 혈구가 뭉치는지 여부를 조사하는 것이었다. 이때 충분한 뭉침이 관찰되면 그 여성은 임신했을 가능성이 높았고, 양성 결과는 붉은 원형으로 표시되었다. 그러나 이따금 검사가 부적절하게 집행되거나 여성의 생리 주기 중 부적절한 시기에 진행될 경우 거짓 양성 혹은 거짓음성 결과가 나타나기도 했다. 단경기 여성의 몸에서 생성되는 호르몬들 또한 자칫 결과를 교란할 수 있었다. 그런가 하면 생리 주기가 불규칙적인 여성이나 자신의 마지막 월경 날짜를 기억하지 못하는 여성은 임신검사가 생리 주기에 시행될 경우 부정확한 결과를 얻을 소지가 있었다. 하지만 이 기법은 동물을 사용해 임신을 검사할 필요성을 제거함으로써, 실험실 임신검사를 이전보다 확연히 낮아진 값에 훨씬 더 일상적으로 시행할 수 있게 해주었다.

1960년대 중엽에는 이 실험실용 임신테스트기가 근본적으로 동일한 과학적 원리에 기반한 다른 여러 임신테스트기와 더불어 여성이 월경을 거른 뒤 의사를 찾아갔을 때 일반적으로 사용되는 임신진단 도구로 자리매김했다. 검사 절차도 굉장히 단순해져서, 이윽고 가정용 제품으로 내놓아도 손색없을 정도가 되었고, 향후 20년 동안 모든 가정용 임신테스트기는 그 원리를 기반으로 제작되었다. 미국 최초의 가정용 임신테스트기 EPT는 비데와 옘셀의 논문 발표 이후로 17년이 지난 1978년에 출시되었음에도 다소 투박한 그 기술을 여전히 고수하고 있었다. 변화는 수많은 혁신과 발견이 이뤄진 뒤에야 비로소 실현되었다. 특히 미국 국립보건원의 젊은 여성 과학자 주디스 바이투카이티스는 적혈구응집억제검사법을 선도적으로 개량함으로써 hCG를 더 쉽게 식별하고 농도를 더 정확히 측정할 수 있도록 만들었다는 점에서 그

공헌이 두드러졌다.

주디스 바이터카이티스와 베타-hCG

주디스 바이터카이티스가 재생산내분비학 분야에 발을 들인 1960년대에는 각 호르몬이 어떻게 작용하며 재생산이나 재생산 기관의 암과 관련해 정확히 무슨 역할을 하는지 알려진 바가 거의 없다시피 했다. 하지만 임신하지 않은 사람의 몸이 hCG를 생성하는 상황은 드물다는 사실, 그리고 이런 상황들이 모두 모종의 문제, 정확히는 재생산 기관의 암을 암시한다는 사실 정도는 당시에도 알려져 있었다. 바이터카이티스의 목표는 여성의 몸에서 생성된 hCG의 농도를 측정해 조기암의 표지로 활용하는 더 나은 방법을 찾는 것이었다. 다시 말해 가정용 임신테스트기의 개량을 앞장서서 이끌어가는 것은 당초 바이터카이티스가 의도한 목표와는 거리가 멀었다는 얘기다.

바이터카이티스가 열 살이 되던 1950년, 미국에서는 의과대학에 들어가는 여성의 수가 급감하는 현상이 벌어졌다. 실제로 1950년에는 심지어 1900년에 비해서도 의과대학에 재학중인 여성의 수가 희소할 정도였다. 바이터카이티스가 의학 공부를 마치고 학위를 취득한 1966년에는, 전체 의사들 가운데 여성이 차지하는 비율이 9퍼센트도 안 됐다. 바이터카이티스는 그런 와중에 더욱 비범하게도, 임상가가 아닌 연구자의 길을 택했다. 향후에 바이터카이티스가 과학 및 의학 분야에서 쌓게 될 경력은 더욱더 비범하기 그지없었다. 바이터카이티스는 1958년 터프츠대학교에 입학했다. 그해 터프츠대학은 등록금을 가파르게 인상시켰고, 이 조치는 사회경제적으로 어려운 배경을 가진 학생의 수를 제한하는 결과로 이어졌다. 하지만 동시에 터프츠대학은 남녀공학을 활발하게 운영한 역사가 있었고, 19세기 말엽에는 비슷한 성격의 다른 여러 교육기관보다 훨씬 앞서서 여성을 학생으로 받아들이기 시작했다. 바이터카이티스가 선택한 전공은 자연과학, 그중에서도 화학과 생물학이었다. 이는 곧 그가 거의 모든 수업을 대체로 백인 남성들이 들어찬 강의실에서 듣는 유일한 백인 여성이라는 뜻이었다. 훗날 보스턴대학교 의과대학에서는 수강생 일흔 명 중 다섯 명뿐인 여학생의 일원으로서 수강했다. 그때 이후로도 바이터카이티스는 경력의 모든 단계에서 거의 언제나 비슷한 상황과 맞닥뜨렸다. 하지만 그는 괘념치 않았다. 의과대학의 한 남자 동기가 수석을 놓치곤 바이터카이티스를 탓하자 그는 이렇게 맞받아쳤다. "설마! 공부를 더 열심히 하지 그랬어?" 아닌 게 아니라 바이터카이티스는 열심히 공부하는 일에 일가견이 있었다. 그는 2003년 임신테스트기의 역사에 관한 인터랙티브 웹사이트를 위해 자신을 인터뷰했던 역사가이자 미국국립보건원 원장 세라 레빗에게 이런 말을 했다. "그곳은 남자들의 세계였어요. 하지만 제겐 굉장히 익숙한 세계였지요."[17]

의과대학을 졸업한 1970년 무렵 바이터카이티스는 연구 분야에서 경력을 쌓고 싶다는 생각을 품었다. 하지만 그쪽 분야는 오늘날과 마찬가지로 자리다툼이 치열한데다 여성들이 자리를 따내기란 그야말로 하늘의 별따기였다. 그때 한 지도교수가 재생산내분비학 연구를 권유해왔다. 새로운 분야이니만큼 경쟁이 상대적으로 덜할 거라면서 말이다. 하지만 이는 곧 그 분야의 장래가 불투명하다는 뜻이기도 했다. 더 많은 것을 잃을 각오도 해야 했다는 얘기다. 바이터카이티스는 스승의 권유를 받아들였고, 나아가 내분비학이 자신의 기질과 제법 어울린다는 사실을 깨달았다. 호르몬은 객관적 농도 측정이 가능한 물질이었다. 더욱이 과학자들의 노력에 힘입어 호르몬 농도를 측정하기에 더 적합한 도구가 나날이 늘어나고 있었다. 바이터카이티스는 관련 연구에 참여할 기회를 잡았고, 워싱턴DC에 있는 미국국립보건원에서 박사 후 연구원으로 근무하게 되었다. 당초 예상 재직 기간은 길어야 6개월 정도였지만, 실제로는 거기서 5년 하고도 6개월 동안 일했다.

바이터카이티스는 연구실에서 살다시피 했다. 오전 6시부터 오후 11시까지 연구실에 머무는 일이 다반사였고, 심지어 주말 오후에도 거의 유일한 취미인 골프를 치고 나면 곧바로 출근할 정도였다. 재생산내분비학과 같은 새로운 분야에 대해서는 재정 지원이 빠듯하게 마련이어서, 바이터카이티스는 자신을 보조할 실험실 기사도 없이 기술적이고 세부적인 작업을 혼자서 도맡기 일쑤였다. 하지만 연구 자체는 대단히 흥미로웠다. 훗날 그는 당시를 회상하면서 그때가 "인생에서 가장 즐거운 시절"이었노라고 말했다. 또한 덧붙이기를, 만약 경제적 자립이 가능할 정도로 형편이 넉넉했더라면 "아무런 대가 없이 그 일을 했을 것"이라고도 했다. 초창기에 바이터카이티스가 매진한 연구 주제는 비교적 간단해 보이는 질문에 대한 답을 구하는 것이었다. 다시 말해 그는 hCG 농도 측정에 더욱 적합한 방법을 찾아내야 했다. 자, 알다시피 hCG는 임신한 여성의 태반에서 생성되는 호르몬이다. 또한 비교적 사례는 드물지만 재생산 기관의 이런저런 암으로 인해 생성되기도 한다. 융모막암종은 종종 자궁이나 난소, 고환에서 발생하는 암으로 치료법은 일찍이 발견된 상태였다. 하지만 융모막암종을 치료하기에 앞서 의사들은 비침습적 방법으로 그 암을 확진하고자 했다. 바이터카이티스가 연구에 뛰어들었을 당시에는 이른바 생물검정이라는 방법이 과학자들 사이에서 주로 사용되고 있었다. 생물검정은 살아 있는 동물, 정확하게는 제노푸스에 의존하는 검사법이었다. 알다시피 임신 진단에도 사용되는 바로 그 개구리 말이다. 바이터카이티스는 더 나은 검사법을 원했다. 요컨대 그는 동물을 사용하지 않고도 hCG의 존재 여부를 규명할 검사법을 찾아내고 싶었다. 생물검정법은 까다롭기도 하거니와 가령 인슐린과 같은 호르몬의 농도를 더 정밀하고 정확하게 측정하는 도구로 1950년대 말엽에 개발된 방사면역측정법에 비해서도 훨씬 더 부정확하고 비용 또한 많이 들었다. 방사면역측정법은 일반적으로 아이오딘이라는 방사성동위원소를 사용해 환자의 혈액 (또는 소변) 내 호르몬 농도를 측정하는 방식이었다. 바이터카이티스의 선배 내분비학자들은 hCG 농도를 측정하기에 적합한 방사면역측정법을 고안해내는 데 난항을 겪고 있었다.

바이터카이티스에게는 계획이 있었다. 우선 다량의 소변이 필요했다. 이상적으로는 그중 일부 소변에 상당량의 hCG가 함유된 상태여야 했다. 요행히 바이터카이티스는 완벽한 집단을 발견해냈다. 연구에 완벽하게 걸맞은 그 집단 덕분에, 바이터카이티스는 자신에게 꼭 필요한 결과를 이끌어낼 수 있었다. 그 완벽한 집단이란 바로 임신에 도움이 될 만한 실험적 치료를 받아볼 요량으로 미국국립보건원을 방문하는 난임 여성들이었다. 문제의 실험적 치료는 바이터카이티스의 연구와 중첩되는 부분이 있었다. 일부 여성의 경우 hCG와 여타 재생산 호르몬의 혼합물을 주사했을 때 (흡사 hCG가 쥐와 토끼, 두꺼비의 난소를 자극할 때처럼) 배란이 자극되는 현상이 관찰된 까닭이었다. 하지만 여기에는 우려도 존재했다. 바이터카이티스는 치료 과정에서 여성에게 과량의 hCG를 주입함으로써 난소를 과자극하는 사태를 경계했다. 또한 그는 이 여성들이 월경을 처음으로 거르기 전에 hCG를 검출할 방법을 찾고자 했다.

그로부터 두 해가 지난 1972년, 마침내 바이터카이티스는 방법을 찾아냈다. 그런 뒤에는 길고 복잡하면서도 자세한 이름 하나가 등장하는 신규 논문 한 편을 학계에 발표했다. 오늘날 고전으로 자리매김한 그 논문의 제목은 「사람황체형성호르몬이 존재하는 상태에서 사람융모성성선자극호르몬hCG의 농도를 구체적으로 측정하는 방사면역측정법」이었다.[18] 대부분의 과학자와 마찬가지로, 바이터카이티스 역시 혼자서 연구하지 않았다. 글렌 브라운스타인과 그리프 로스라는 공저자가 있었다. 하지만 두 사람은 바이터카이티스를 주요 저자로 등재하는 데 동의했는데, 그 저변에는 그들의 발견이 바이터카이티스의 기본 연구를 토대로 이루어졌다는 공감대가 깔려 있었다. 다양한 호르몬과 화합물에 대한 여러 도표와 설명으로 채워진 그 여덟 쪽짜리 논문에는 바이터카이티스가 hCG를 다른 물질들과 혼합하여 분리하고 농도를 측정하기까지 밟았던 공정이 상세히 설명되어 있었다. 바이터카이티스가 가장 결정적으로 공헌한 부분은 hCG의 베타 서브유닛, 즉 베타-hCG를 온전한 hCG 분자에서 별도로 분리해 농도를 측정할 수 있다는 사실을 발견했다는 점이었다. 바이터카이티스가 브라운스타인 및 로스와 함께 고안해낸 이 방사면역측정법은 민감도와 정확도가 뛰어날 뿐 아니라, 동물에게 의존하는 생물검정보다 더 신속하게, 신뢰도 높은 결과를 제시할 수 있었다. 그 당시 바이터카이티스는 자신의 발견이 가정에서 상용되는 기술로 이어지리라고는 생각지 못했지만, 그것이 임신검사법의 개량에 기여하리라는 것 정도는 인지하고 있었다. 하지만 바이터카이티스는 그 연구와 관련해 특허는커녕 자신의 발견에 대한 보상을 단 한 푼도 받지 못했다. 물론 미국국립보건원에서 근무한 대가로 수령한 봉급은 예외로 하고 말이다.

바이터카이티스가 발표한 그 획기적 논문의 제목은 그의 발견 가운데 과학자들이 가장 흥미를 보인 부분이 무엇인지 명확히 드러낸다. 비록 여느 독자들에게는 허무하리만치 모호하게 들릴 수도 있지만, 요컨대 바이터카이티스는 사람황체형성호르몬이 존재하는 상태에서 hCG의 농도를 측정하는 방법을 발견해냈다. 황체형성호르몬은 종종 LH라는 약자로 불리며, hCG와 마찬가지로 재생산에 매우 중요한 호르몬이지만, hCG와는 달리 보통은 성별에 관계없이 모든 사람에게 존재한다. 고환을 가진 사람의 몸에서는 황체형성호르몬이 테스토스테론의 생성을 촉진하고, 난소를 가진 사람의 몸에서는 배란을 촉진한다. 실제로, 문제의 임신검사법이 개발된 이후에 설계된 배란 검사는 소변 내 LH 농도의 상승 여부를 확인하는 방법으로 이루어진다. 또한 LH와 hCG는 분자 구조 면에서도 굉장히 비슷하다. 그렇다보니 임신검사용 방사면역측정법을 개발하는 데 가장 큰 난제는 소변 혹은 혈액에 들어 있는 LH와 hCG를 구별할 방법을 찾는 일이었다.[19] hCG는 오늘날 각각 알파 서브유닛과 베타 서브유닛이라고 불리는 두 가지 화합물로 구성돼 있는데, 분자 구조 면에서 알파 서브유닛은 LH와 거의 똑같은 반면 베타 서브유닛은 LH와 뚜렷한 차이가 있다. 그러므로 hCG에서 베타-hCG를 분리하는 작업은 그 검사법의 핵심 중 핵심이었다. 베타-hCG 분리해 농도를 따로 측정할 방법을 찾는 과정은 궁극적으로 더 정확한 가정용 임신테스트기의 개발로 이어졌다. 1980년대에 개발된 이 새로운 임신테스트기들은 상대적으로 오류율이 더 높고 판매율은 더 저조하던 종전의 임신테스트기들을 대체하게 되었다.

오늘날의 가정용 임신테스트기들은 빠르면 월경을 거르기 엿새 전에도 임신 여부를 일러줄 수 있다. 바이터카이티스의 발견은 그 같은 약진에서 일정 부분 교두보 역할을 했다. 물론 가정용 임신테스트기를 더 사용자 친화적으로 만들기까지는 다른 여러 기술적 혁신이 필요했지만, 바이터카이티스는 가정용 임신테스트기를 오늘날 우리가 익히 아는 물건에 한 걸음 더 가까이 가져다놓았다. (로 대 웨이드 판결로 임신중지가 합법화된 해인) 1973년 12월에 발행된 〈뉴욕타임스〉의 한 기사에서 지적한 바와 같이, 임신테스트기는 여성이 월경을 거르기도 전에 자신의 임신 여부를 확인하게 해줌으로써 임신중지를 이전보다 더 용이하게 만드는 데 기여할 가능성이 있었다.[20] EPT와 같은 가정용 임신테스트기들은 1980년대 중엽까지도 이러한 기술을 사용하지 않았으나, 일단 그 기술이 도입되기 시작하자 여성들이 이전까지 결코 기대할 수 없었던 신속성과 정확성을 바탕으로 검사 결과를 일러주는 도구로 탈바꿈했다. 월경을 거른 여성은 그 즉시 자신의 임신 여부를 확인할 수 있게 되었다. 오류가 나타날 가능성은 미미해졌다. 이제 가정용 임신테스트기는 종전의 테스트기로는 감지가 불가능했던 극소량의 hCG까지 검출할 수 있었다. 임신 초기 증상 가운데 어느 한 가지도 나타나기 전에 그런 식의 확실한 지식을 얻을 수 있게 해주었다는 점에서, 그 변화는 흡사 마법과도 같았다.

    그럼에도 임신테스트기는 다사다난한 시간을 거친 뒤에야 비로소 우리가 임신을 탐지하는 방식을 바꿔놓을 수 있었고, 그 과정이 언제나 순탄하지는 않았다. 예컨대 로스앤젤레스의 여러 매체에서 광고한 실험실용 임신테스트기들은 1930년대 말 즈음에 슬그머니 자취를 감추었고, 비슷한 시기에 캘리포니아주는 불법 임신중지 시술을 엄격히 단속하기 시작했다. 1940년대 초까지만 해도 여전히 광고면에서는 임신검사라든지 그 당시 주로 시행되던 매독 검사법인 바서만 검사에 대한 홍보성 글을 종종 찾아볼 수 있었지만, 1950년대 즈음에는 그 모든 광고가 자취를 감추었다. 그러다가 동물의 희생을 요하지 않는 실험실 임신 검사법이 개발되면서, 의사들은 임신테스트기를 전보다 부담 없이 사용하게 되었다. 이를 계기로 1960년대와 1970년대에 여성들이 정확한 임신 여부를 알 길이 열렸을 것이라 기대했지만 그러한 기대는 어디까지나 의사의 감독하에서, 그마저도 대개는 기혼 여성의 경우에만 유효했다. 미국에서 여성이 의사를 비롯한 의료 종사자들의 시선 개입에서 벗어나 임신 진단법에 관련된 지식에 접근할 수 있게 되기까지는 그후로도 수십 년의 세월이 더 필요했다.

오늘날 우리가 사용하는 임신테스트기의 초기 역사는 수많은 오류로 시작되었고, 그 길 위에는 한때 획기적인 검사법으로 각광받다가 훗날 결과의 정확도 면에서 한계를 드러낸 검사법들이 허다히 존재했다. 어쨌든 임신검사는 대개 양성 혹은 음성이라는 두 가지 대답만을 제시하므로, 가끔은 우연히 올바른 결과가 도출되는 경우도 있었을 것이다. 이 20세기의 임신테스트기가 때로 거짓 예언자를 연상시킨다면, 그 이전에 등장한 검사법들은 동화 속에나 나올 법한 발명품처럼 비친다.

3. 소변과 혈액

1927년 젤마어 아슈하임과 베른하르트 존데크가 최초의 정확한 임신 진단법을 개발하기 전에도 인류는 유구한 세월 동안 임신검사에 소변을 사용해 왔다. 왜 사람들은 하필 소변에서 임신의 징후를 탐색했을까? 우선, 예로부터 소변은 의학계에서 인간과 동물의 건강과 안녕을 진단하는 도구로 사용되었다. 중세시대 유럽에서는 소변검사가 환자의 전반적 건강을 검진하는 기본적인 방법으로 자리매김했다. 마툴라라는 투명하고 둥글납작한 유리잔은 오늘날의 청진기와 마찬가지로 중세시대 의료를 상징하는 특별한 도구였다. 의사들은 그 유리잔 안에 담긴 소변의 색깔과 농도, 냄새, 내용물 등을 검사한 뒤 이러한 인자들을 근거로 체액을 진단했다. 그 시절 체액은 환자의 건강 상태를 결정하는 요인으로 간주되었다.[1] 임신은 소변을 면밀히 검사해 진단할 수 있다고 여겨지던 다양한 신체 상태 가운데 하나에 불과했다. 그런고로 이러한 검사를 수행하는 의사들은 특유의 예지적 업무에 맞춰서 "오줌 예언자"라는 별칭으로 불렸다.

사실 소변을 사용한 진단의 역사는 그보다 훨씬 더 길다. 고대 그리스와 로마, 이집트의 의사들은 소변이 간에서 생성되어 신장과 방광을 통해 분비된다고 믿었으며, 소변을 이용해 건강 문제를 진단했다. 그들이 보기에 소변은 인체의 여러 관문을 통과해 주기적으로 몸속에서 빠져나왔고, 그러므로 인간의 눈이 닿을 수 없는 몸 곳곳에서 벌어지는 일들을 이해시키는 렌즈 역할을 수행할 수 있는 것이었다. 서구에서 의사들은 18세기까지 꾸준히 소변을 근거로 환자의 건강 상태를 평가했다. 임신은 조기에 진단이 어려운 다른 여러 질환과 마찬가지로 소변 분석을 통해서 발견 가능한 신체 상태로 간주되었다.

소변을 사용한 임신검사에 관한 최초의 기록은 기원전 1350년 이집트 파피루스에서 찾아볼 수 있다. 오늘날 "베를린 의학 파피루스"라고 불리는 이 문서는 베를린의 이집트박물관에 보관되어 있다. 검사 방법은 다음과 같았다. 먼저 자루를 두 개 준비한 다음, 각각을 보리 씨앗과 밀 씨앗으로 채운다. 그런 다음에는 여성이 양쪽 자루에 매일매일 소변을 본다. 만약 보리 자루의 씨앗들이 싹을 틔우면, 이는 그 여성이 아들을 임신했다는 뜻이다. 반면에 밀 자루의 씨앗들이 싹을 틔우면, 이는 그 여성이 딸을 임신했다는 뜻이다. 만약 보리와 밀 중 어느 한 쪽도 싹을 틔우지 않으면, 이는 그 여성이 아예 임신하지 않았다는 뜻이다.[2] 중세 아랍의 문헌 기록에 따르면, 난임을 진단할 때도 비슷한 검사가 시행되었다. 10세기에 알리 압둘 압바스 엘 마구시가 그 글에서 기술한 난임 검사법은 다음과 같다. 우선 아이가 없는 부부가 각각 보리, 밀, 콩이 담긴 자루 일곱 개에 따로따로 소변을 본다. 만약 그 자루 중 하나가 이레 뒤에 싹을 틔우면, 이는 곧 남편이든 아내든 해당 자루에 소변을 본 사람은 난임의 원인이 아니라는 뜻이다.

현대의 독자들은 이런 식의 임신 및 난임 검사법을 불합리하다고 느낄지 몰라도, 1963년의 연구자들은 그 과학적 원리를 시험해볼 정도로 진지하게 받아들였다. 이집트의 의사와 연구자 세 명은 이집트의 그 오래된 임신검사법을 재현한 실험연구 논문을 공동으로 저술했다. 그들은 놀랍게도 임신한 여성의 소변이 보리와 밀의 발아를 촉진할 수 있다는 사실을 발견했다. 또한 그와 대조적으로 임신하지 않은 여성의 소변을 공급받은 씨앗은 하나도 싹을 틔우지 않는다는 사실 역시 발견했다. 하지만 임신한 여성의 소변을 공급받은 씨앗도 싹을 틔우지 않는 사례가 더러 존재했는데, 이를 근거로 그들은 문제의 임신검사법이 임신을 확진하는 도구로서 한계가 있다는 판단을 내렸다. 또한 보리와 밀 가운데 어느 쪽이 싹을 틔우든 그 결과는 태아의 성별과 아무런 상관이 없었다. 요컨대 "[씨앗의] 생장이 일어나면 소변의 제공자가 임신한 여성이라고 추정할 수 있지만, 그 명제의 역이 반드시 참은 아니"라는 게 그들의 결론이었다.[3]

소변을 사용한 임신검사법은 그 외에도 여러 방식이 수 세기 동안 명맥을 이어나갔다. 1200년경에 태어난 독일의 천주교 도미니크수도회 수사 알베르투스 마그누스는 철학과 의학에 두루 조예가 깊었던 인물로, 임신한 여성의 소변이 담긴 유리잔에 우유를 부으면 우유가 위로 떠오른다고 믿었다. 16세기 초 취리히 태생의 의사이자 『전문 산파』라는 유명 조산술 입문서의 저자인 야코프 루에프는 임신 진단법으로 소변이 담긴 컵에 쇠 바늘을 밤새 담가놓으라고 했는데, 만약 아침 무렵 그 바늘이 검은 점들로 덮여 있으면 이는 곧 그 여성이 임신했다는 뜻이라고 했다. 17세기의 네덜란드 의사 코르넬리스 솔링언은 소변을 와인과 혼합하는 방법을 여성들에게 추천했다. 만약 그 혼합물이 "콩을 넣고 뭉근히 끓인 물처럼 탁해지면, 이는 곧 그 여성이 임신했다는 뜻"이었다.[4] 소변 실험으로 임신 여부를 확인하는 관행은 20세기 초까지 지속되었다. 1933년에 사람들은 흰줄납줄개 암컷에게 임신한 여성의 소변을 주사하면 그 물고기가 알을 낳는다고 믿었다. 이 검사법의 중대한 문제는 그 물고기가 다루기도 어렵거니와 여차하면 상대를 이빨로 문다는 점이었다.

　소변을 이용한 임신검사법 가운데 역사적으로 특히 의미심장한 기법은 유대계 오스트리아인 생화학자 레기나 카펠러아들러의 연구에서 비롯되었다. 빈대학에서 근무하던 그는 1938년 나치가 오스트리아를 점령하며 모든 유대인 과학자를 학문적 직위에서 추방하는 바람에 스코틀랜드로 쫓기듯이 떠나야 했다. 카펠러아들러는 엄격한 유대인 가정에서 태어났다. 또한 결혼해 아이를 낳은 뒤에도 과학 박사학위를 목표로 연구를 계속했다는 점에서, 동시대 여성들 가운데 비범한 축에 속했다. 그러나 1930년대의 빈에서 유대인 여성이 일자리를 구하기란 불가능에 가까웠던 까닭에, 그는 빈대학교의 한 실험실에서 무급으로 재직하며 연구를 지속하기로 타협을 보았다. 1934년 빈 언론은 카펠러아들러가 새로운 임신검사법을 발견했다는 소식을 전하며 극찬을 쏟아냈다. 그는 다양한 음식에서 발견되는 아미노산 히스티딘이 임신 초기 여성의 소변에서 더 많이 분비된다고 여겼고, 그 생각을 바탕으로 소변 속 히스티딘 농도를 확인하는 화학적 검사법을 개발했다. 그의 바람은 이 새로운 검사법이 살아 있는 동물에게 기대지 않고 임신 여부를 확인하는 일상적 진단법으로 정착하는 것이었다.[5] 결과적으로, 히스티딘 임신검사법은 성공을 거두지 못했다. 그러나 1939년 그 과학적 원리의 유망성을 알아본 에든버러대학 측에서 연구직을 제의한 덕분에 카펠러 아들러는 남편과 함께 네 살배기 딸을 데리고 나치의 박해에서 벗어날 수 있었다. 이후에 그는 당대의 여느 연구자들이나 의사들과 달리 살아 있는 동물에게 의존하기보다는 화학적 임신검사의 가능성을 연구하며 생화학 분야에서 생산적인 연구 경력을 이어나갔다.

19세기의 징후들

19세기 무렵부터는 서구의 의사들 사이에서 임신 진단에 소변을 사용하지 않는 분위기가 만연해졌다. 여성의 재생산과 연관된 의학을 연구한 사학자 앤 오클리의 기록에 따르면, 1834년 제임스 블런델이라는 의사는 "여성의 임신 여부를 알아보는 가장 확실한 방법은 아홉 달이라는 기간을 꼬박 기다리는 것"이라고 비꼬았다.[6] 이 발언에는 아기의 출생 전에 임신을 진단하는 행위에 대한 거부감이 담겨 있다. 그러나 빅토리아시대 의사 가운데서도 환자의 신체를 검사해 임신을 진단하는 데 찬성하는 이들이 더러 있었다. 다만 사회적 분위기상 여성 환자의 신체, 그것도 복부를 만지는 행위는 부적절하다는 인식이 팽배했기에 그들은 여성의 눈, 코, 입을 검사함으로써 임신의 징후를 살피고는 했다. 물론 빅토리아시대 상류층 여성들도 가끔은 질 검사를 포함한 신체검사를 받았다고 오클리는 설명한다. 이때 검사에 앞서 의사들은 아편 제제로 환자의 진정을 유도했는데, 의식이 또렷한 상태에서 그와 같은 검사를 시행하는 것은 여성과 의사 모두에게 곤혹스러운 경험이라는 인식 때문이었다.[7]

한편 미국에서는 명망 높은 의사 찰스 미그스가 임신 진단의 어려움을 인정한 바 있었다. 1856년에 권위 있는 부인과학 교과서를 집필한 미그스는 청진기나 맨귀로 태아의 심장박동음을 듣는 검사법을 추천하는 한편, 임신 4개월에 이르기 전까지는 명료한 소리를 포착하기 어려운 경우가 보통이라며 주의를 당부했다. 또한 그는 여성의 질벽을 통해 자궁을 만지며 확장 여부를 확인하는 방법에 대해서도 기술했는데, 그런 검사를 하려면 여성이 허리 아래쪽으로 옷을 모조리 벗어야 했기에 의사들은 대체로 그 진단법을 선뜻 사용하지 못했다. 19세기 말엽에는 여성의 몸속을 검사해 임신을 진단하는 일에 거부감을 느끼지 않는 부인과 의사가 더 많아지면서, 수많은 '징후'가 그것들을 각각 처음으로 기술한 남성 의사의 이름을 따서 명명되었다. 그중 '헤가 징후'는 의사가 손가락 두 개를 여성의 질 속에 밀어넣고 한 손은 그 여성의 배에 댄 상태에서 자궁을 촉진觸診하는 과정을 필요로 한다. 또한 이때 자궁협부가 충분히 부드러우면 임신이라고 진단하는데, 그런 식의 연화 현상은 통상 임신 4주에서 12주 사이에 감지된다고 알려져 있다. '채드윅 징후'는 임신한 여성의 자궁경부와 질, 음순에 나타나는 색깔 변화와 관련이 있다. '구델 징후'는 임신 6주경에 종종 발생하는 자궁경부의 연화 현상을 가리키는데, 오늘날에도 여전히 산과의사들 사이에서 중요한 출생 전 검사로 간주된다. 하지만 이 모든 검사가 침습적이고도 다소 성적인 행위로 간주되었기에, 의사들은 의학적으로 반드시 필요한 경우가 아니면 이러한 방법을 사용하는 일이 드물었다. 사학자 라라 프라이든펠즈도 지적했듯이, 심지어 20세기 중엽에도 대부분의 임신 지침서는 임신이 의심되더라도 월경을 두 번 거를 때까지는 기다려볼 것을 권했다. 그때쯤이면 이미 그 여성은 임신 2~3개월 사이에 접어들어 구역감이나 잦은 소변, 유두의 색소침착과 같은 임신 초기의 일반적 징후를 경험했을 공산이 큰데도 말이다.[8]

침습적 임신검사의 시대

20세기 초까지 임신 진단은 당사자인 여성만이 스스로 확인할 수 있는 것, 혹은 의사가 드물게 신체검사를 통해서 시행하는 것으로 줄곧 간주되었다. 하지만 겨우 몇십 년 뒤인 1927년에 예의 그 아슈하임-존데크 실험실 임신검사법이 개발되면서 판도가 바뀌었다. 과학자와 의사 및 사업가 들은 신뢰성을 (다만 조금이라도) 확보한 임신검사를 향한 수요가 상당하다는 사실을 알아차렸고, 이는 새로운 임신검사법이 넘치도록 개발되는 상황으로 귀결되었다. 개중에는 과학적 근거가 의심스러운 검사법도 있었고, 과학적 근거는 그런대로 훌륭하지만 여성에 대한 잠재적 위해성이 전혀 고려되지 않은 검사법도 있었다. 일례로 1941년 〈로스앤젤레스 타임스〉가 열광적으로 보도한 새로운 임신 진단법은 여성의 아래팔에 초유를 주입한 다음 그 결과를 확인하는 방식이었다. 여기서 초유란 신생아에게 먹이기 위해 임신 말기 및 분만 직후 여성의 몸에서 분비되는 묽고 누르스름한 액체를 일컫는다. 문제의 임신검사를 실시하려면 임신 28주차 여성들에게서 수집한 초유를 임신이 의심되는 여성의 아래팔에 주입해야 했다. 이러한 절차를 설명하는 여러 기사 가운데 여성의 팔에 타인의 체액을 주입하는 행위의 잠재적 위험성을 지적한 기사는 단 한 건도 없었다. 이른바 '큐테스트'로 알려진 이 검사의 판독법은 주사에 대한 반응으로 여성의 팔에 흡사 모기에 물렸을 때처럼 붉게 부은 자국이 나타나는지 확인하는 것이었다. 만약 부은 자국이 30분 이내에 나타나고 몇 시간에 걸쳐 그 크기가 증가하면 해당 여성은 임신하지 않은 것으로 간주되었다. 만약 부은 자국이 나타나지 않거나 아주 작게 나타난 뒤 더 커지지 않으면, 해당 여성은 임신한 것으로 진단되었다. 여러 뉴스 보도에서는 이 큐테스트가 살아 있는 동물을 사용한 임신검사를 받기가 여의치 않은, 가령 시골 지역 등지에서 쓰기에 제법 유용한 검사법이라고 기술했다.[9]

한편 큐테스트를 고안한 의사들의 주장에 따르면, 그 검사법은 임신한 여성의 몸에서는 초유가 이물 반응을 일으키지 않기 때문에 알레르기 반응이 나타나지 않는다는 점을 근거로 만들어졌다. 초유 주사를 시도하기 이전에 그 의사들은 임신검사에 사용 가능한 물질을 찾아내겠다는 일념으로 모유와 우유, 태반 조직을 비롯한 다양한 물질을 여성들의 팔에 주입해봤다고 했다. 한데 그 어떤 물질도 원하는 효과를 발휘하지 못했다. 그러던 차에 초유를 주입해봤더니, 임신은 98퍼센트 그리고 비임신은 96퍼센트의 확률로 올바른 진단이 가능하더라는 것이었다. (이후 그들의 실험 결과는 여러 임상 연구로 논박되었을 뿐 아니라, 실제로는 거짓양성 및 거짓음성의 비율이 훨씬 더 높다는 사실이 밝혀졌다.) 이 초유를 사용한 임신검사는 갖가지 풀리지 않는 의문을 남겼다. 일례로 큐테스트를 고안한 두 의사는 오로지 임신이 처음인 여성의 초유만을 수집해야 한다고 명시했는데, 임신이 두번째나 세번째인 여성의 초유로는 기대만큼 정확한 결과를 얻을 수 없다는 것이 그 이유였다.[10] 그런데 정작 1941년에 발표된 그 논문은 결코 유쾌하거나 평범했을 리 없는 절차를 감수하면서까지 자신의 초유를 짜서 내준 그 임신 28주차 여성들에 관해서 아무런 정보도 제공하지 않는다. 여성들은 자신들의 초유가 수집되는 이유를 전달받았을까? 적정한 보상이 주어졌을까? 동의 절차가 제대로 이행됐을까? 문제의 연구 논문에는 이 같은 질문들에 대한 답이 생략되어 있다. 큐테스트는 1950년대까지 임신검사법으로 통용되었고 다양한 신문에서 관련 광고들을 찾아볼 수 있었음에도, 결국은 인기가 시들해졌다. 어쩌면 신뢰도가 무너져버린 탓일 것이다. 아니면 여성들이 초유를 짜서 내주길 시나브로 거부했거나 자신들의 팔에 다른 여성의 체액을 다만 미량이라도 주입하는 과정을 꺼리기 시작한 까닭일 수도 있다.[11]

그도 아니면 큐테스트는 1950년대 후반에 인

기가 상승하던 또다른 침습성 임신검사, 즉 호르몬 임신검사법에 자연스레 자리를 내주었는지도 모른다. 실제로 1949년부터 의사들은 임신검사를 명분으로 여성의 혈류에 다양한 호르몬도 모자라 화합물까지 주입하는 실험에 뛰어들었다. 초창기의 호르몬 임신검사는 에스트론을 사용하는 방식이었다. 에스트론은 에스트로겐의 한 유형으로 오늘날 암과 관련이 있다고 여겨지는 호르몬이다. 검사를 위해 여성들은 병의원에서 5일 동안 세 차례 에스트론 주사를 맞아야 했다. 이들 가운데 임신하지 않은 여성은 24시간 안에 월경을 시작하겠지만, 임신한 여성은 출혈을 보이지 않을 터였다. 에스트론을 사용한 이 검사법은 실험실이나 살아 있는 동물에 의존하지 않고도 임신을 진단하는 기술로서 각광을 받았다.[12]

의사들은 임신검사를 목적으로 주입할 만한 다른 물질들로도 실험을 이어나갔다. 1952년에는 스티그모넨브로마이드라는 화합물이 에스트론과 비슷한 방식으로 사용되었다.[13] 설명하자면, 훗날 세척제의 성분으로 쓰이게 된 이 화합물을 여성에게 몇 차례 주사한 뒤 며칠 안에 출혈이 나타날 경우 임신이 아니라고 진단하는 방식이었다. 이후로 몇 년에 걸쳐 의사들은 다양한 호르몬 주사를 이용해 이런저런 실험을 단행했다. 다양한 유형의 에스트로겐과 프로게스테론을 조합하는가 하면, 이들 호르몬 주사가 임신검사뿐 아니라 무월경 치료에도 효과가 있다는 선전을 벌이기도 했다. 여기서 무월경이란 임신이나 폐경 이외의 이유로 월경이 없는 상태를 일컫는 용어다. 오래전부터 여성들은 질병으로 인한 무월경을 치료하기 위해서든 임신을 초기에 중지하기 위해서든, 생리를 유도할 목적으로 다양한 약초를 섭취해왔다. 임신으로 중단된 월경과 그 밖의 생리적 이유로 중단된 월경을 명확히 구분하기란 그리 쉽지 않다. 게다가 19세기 중엽 이전에는 둘 사이의 경계가 특히 더 모호했다. 고로 역사의 흐름 속에서 이들 임신검사용 주사제는 여성의 월경이 불가해한 이유로 중단되었을 때 의사가 처방하는 호르몬 정제로 이내 자연스럽게 변모했다.

미국에서는 이와 같은 호르몬 정제가 다양한 상표명으로 판매되었지만, 그중 가장 인기를 끈 두 가지를 꼽자면 단연 프로듀오스테론과 제스테스트였다. 두 제품 모두 프로게스테론과 에스트로겐, 그러니까 당대에 경구피임약을 제조할 때도 사용되던 양대 호르몬으로 만들어졌다. 프로듀오스테론은 1958년 미국에 소개된 최초의 임신검사용 호르몬 정제였다. 이 작은 분홍색 알약들은 일찍이 사용되던 토끼, 개구리, 쥐 검사법에 비해서 더 저렴하고 더 정확한 검사 도구인 양 광고되었다. 제조사의 설명에 따르면, 여성들은 이 아스피린 크기의 분홍색 알약을 사흘 동안 하루에 네 알씩, 그러니까 매 식사 때와 자기 전에 한 알씩 복용해야 했다. 만약 사흘 뒤에 피가 비치면, 그 여성은 임신하지 않은 것으로 간주되었다. 그러나 한 주가 다 지나도록 피가 비치지 않으면, 그 여성은 임신한 것으로 간주되었다.[14] 한편 제스테스트는 프로듀오스테론보다 불과 몇 년 늦게 출시되었는데, 그 제품의 주된 장점은 여성이 알약을 이틀 동안 매일 두 알씩만 복용해도 될 정도로 검사에 필요한 알약의 수와 시간을 경감했다는 것이었다.

두 정제 모두 일반 의약품은 아니었다. 그러므로 사용을 원하는 여성은 의사에게 따로 처방전을 요청해야 했다. 이때 의사들은 두 호르몬에 대한 환자의 반응을 면밀히 감시해야 했는데, 1960년대에 발표된 여러 초기 의학 논문에 따르면, 신통하게도 이런 종류의 호르몬 정제는 여성에게 일으키는 부작용이 거의 없었다. (이들 알약이 에스트로겐과 프로게스테론 성분을 다량으로 함유하고 있었다는 점, 그리고 이 두 호르몬을 비슷한 용량으로 함유한 사후피임약이나 초기의 경구피임약이 구역, 구토, 불안 등의 다양한 부작용을 유발한다고 알려져 있다는 점을 고려할 때 부작용이 없었다는 주장은 설득력이 매우 떨어진다. 그보다는 문제의 임상 시험을 진행한 연구진들이 그런저런 부작용을 대수롭지 않게 보아 넘겼을 공산이 크다.) 제스테스트의 시장 진출이 공식화되었을 때 앨러배마의 한 신문은 1961년에 널리 보급된 그 알약에 관한 기사의 제목을 태연하게도 "더 정확한 임신검사에서는 여성이 스스로 기니피그가 된다"라고 붙였다. 또한 그 신문은 문제의 알약이 소위 "이중적 역할"을 한다는 말로 여성들의 불안을 잠재우기도 했는데, 요컨대 여성이 임신했을 때는 프로게스테론이 임신을 유지시키고 임신하지 않았을 때는 "자연이 계획한 대로" 월경을 촉진한다는 설명이었다.[15]

    이 같은 호르몬 임신검사법은 1960년대에 차츰 대세로 자리잡아갔다. 처음에는 비용적으로나 윤리적으로 문제가 있는 동물시험의 대체재로서 각광을 받았고, 이후에는 동물의 희생을 요하지 않는 최초의 실험실 검사법인 적혈구응집억제 검사의 대체재로 사용되었다. 비록 의사의 처방이 필요하긴 해도 가정에서 시행할 수 있다는 점이 인기의 요인으로 작용했다. 어느 논문에 인용된 모 의사의 추산에 따르면, 뉴욕주에서만 해마다 5000~7500명의 여성이 호르몬 임신검사를 시행하고 있었다.[16] 그러나 두 가지 논란으로 인해 결국 그 호르몬 정제들은 시장에서 퇴출되었다. 출시 후 거의 즉시 여성들 사이에서는 그 알약들의 효과가 단순히 임신검사에 그치는 게 아니라 유산을 야기할 수도 있다는 소문이 돌기 시작했다. 이에 제조사들은 그 소문이 유언비어라며 강하게 반박했지만 소문은 사그라들지 않았고, 급기야 1970년대에는 외려 그 루머의 정당성이 여러 연구를 통해 부분적으로 입증되기까지 했다.[17] 어쨌든 초기 임신을 예방할 의도로 복용하는 또다른 호르몬 정제, 즉 사후피임약에도 비슷한 호르몬 혼합물이 들어 있기는 하다. 더욱이 1972년 무렵에는 이런 종류의 알약을 복용한 산모들의 아기에게서 여러 장애가 나타났다는 사실이 몇몇 연구에서 확인되어 더 큰 논란이 일었다.[18] 이들 연구와 관련된 논란은 오늘날에도 여전히 진행중이다. 하지만 그 시절에는 논란이 어찌나 심각했던지, 1975년에 FDA가 임신검사용 호르몬 정제에 대한 승인을 거둬들일 정도였다.[19] 의도적이었든 아니든, 이 대중적 임신검사법의 퇴출 덕분에 1976년 워너램버트는 자사 최초의 임신테스트기를 미국 시장에서 승인받을 기회를 잡았다.

임신 여부를 알고자 하는 여성들의 욕구는 대단히 강력한 것이어서, 답을 얻기 위해서라면 자기 몸에 갖가지 물질을 복용하고 주입하는 일조차 마다하지 않을 정도였다. 또한 의사들 가운데 다수는 여성들에게 침습적 신체검사나 다량의 호르몬 투여를 권장하는 데 거리낌이 없었다. 의료기관의 관심은 그저 임신을 조기에 진단하는 일에만 쏠려 있었다. 임신을 더 이른 시기에 진단할수록 여성은 더 빨리 의학적 치료를 모색할 것이었다. 하지만 이것이 그 시대의 여성들에게 언제나 더 좋은 결과로 이어지지는 않았다.

4. 막대

막대형 임신테스트기는 오늘날 굉장히 흔하게 사용된다. 이 책을 읽는 사람 누구나 이 물건이 길모퉁이 약국에서 판매되는 모습을 어렵잖게 떠올릴 수 있을 것이다. 어느덧 막대형 임신테스트기는 범상한 용품이 되었다. 또한 보통은 사람들에게 쓰임이 다하면 곧바로 버려지는 일회성 용품이기도 하다. 막대형 임신테스트기는 우리네 삶에서 정서적으로 묵직한 의미를 지니지만 21세기 미국 사람들은 그것의 존재를 당연하게 받아들인다. 그러나 이 물건을 개발하는 데 쓰인 과학적 원리는 대단히 복잡하고, 생명공학적으로 장기간의 발전을 필요로 했다. 이 책을 집필하기 위한 조사를 시작할 때만 해도, 나는 스스로가 머지않아 면역학과 내분비학에 생화학은 물론 제지공업까지 두루 섭렵해야 하리라고는 조금도 예상하지 못했다. 또한 역사적으로 임신테스트기는 때때로 이 사람 저 사람의 공로에 힘입어 발명되었지만 기실 어느 한 사람이 온전히 그 책임을 도맡았다고는 말할 수 없는데, 그러기에는 너무 많은 분야의 지식이 제작에 동원된 까닭이다. 요컨대 임신테스트기는 인상적인 기술의 결정체다. 특히 오늘날 단돈 몇 달러에 구입 가능한 물건이라는 점을 감안하면 더더욱 그렇다.

1960년대와 1970년대의 성 혁명은 무엇보다 임신 혹은 잉태의 두려움에서 벗어나 자유로운 성관계를 가능하게 함으로써 미국 여성들의 성생활에 일대 변화를 가져왔다. 그 변화를 주도한 대표적 사건 두 가지를 꼽자면, 하나는 1960년 미국 시장에서 경구피임약이 처음 판매된 것이고, 다른 하나는 1973년 로 대 웨이드 판결로 마침내 임신 중지가 합법화된 것이다. 그렇다면 1978년에 이뤄진 가정용 임신테스트기의 광범위한 도입은 어떨까? 이 또한 깐깐하고 거만한 의사의 시선을 피해 여성에게 재생산 선택권을 부여했다는 측면에서 두 사건에 못지않게 중요하다고 볼 수도 있지 않을까? 그런데 어째서인지 가정용 임신테스트기의 발명은 이 성 혁명과 관련된 역사에서 변방으로 물러나 있었다. 왜일까? 왜 임신테스트기는 여성들에게 성생활의 변화를 가져다주고 이전에는 결단코 불가능했던 방식으로 선택권을 부여한 공로를 인정받지 못하는 것일까?

1978년 최초의 가정용 임신테스트기 EPT가 미국 시장에 출시되었을 때, 제조사는 상품을 홍보할 목적으로 성적 모레스* 변화라는 기치를 내걸

---

* 집단생활에서 구성원의 태도나 행동을 규제하는 준거 혹은 준칙을 이르는 말.

었다. 최초의 EPT 광고에서는 그 임신테스트기를 "작은 혁명"이라고 일컬었는데, 여기에는 여성들의 성적 자유와 관련한 1978년 무렵의 뚜렷하고도 극적인 변화가 그 회사의 공이라는 암시가 깔려 있었다. 하지만 미국 여성들은 처음에 반신반의했다. 최초의 가정용 임신테스트기에 대한 반응은 미적지근했고, 진짜 혁명다운 혁명은 일어나지 않았다. 오히려 여성의 대다수는 그 새로운 가정용 시험기를 본체만체했다. 이 책을 집필하기 시작했을 때 나는 EPT가 여성의 성생활에 작은 혁명을 일으켰다는 제조사의 주장에 마음이 동했다. 실제로 가정용 임신테스트기는 앞선 세 장에서도 논했다시피 이전 수십 년 동안에는 가부장적 의료 문화의 허락하에서만 얻을 수 있던 지식을 여성이

직접 손에 넣을 기회를 제공했다. 하지만 이 장에서 나는 그 서사를 복잡하게 비틀어볼 참이다.[1]

왜 미국 여성들은 초기에 가정용 임신테스트기를 받아들이는 데 소극적이었을까? 이유를 낱낱이 밝히기는 어렵겠지만, 몇 가지 잠재적 요인을 고려해볼 수는 있다. 그중 하나는 EPT가 적극적이면서도 긍정적인 광고 캠페인을 벌였고 이후에 여러 가정용 임신테스트기(앤서, 데이지2 등등)가 잇따라 출시되었음에도 불구하고, 이에 질세라 일부 실험실에서 임신테스트기를 광고했던 동일한 여성 잡지들에 가정용 임신테스트기의 신뢰도를 의심케 하는 광고 캠페인을 전개하기 시작했다는 점이다. 일례로 병의원의 의뢰를 받아 해마다 수천 건씩 임신검사를 진행하던 왐폴연구소는 여성들이 "임신검사를 전문가의 손에 맡겨야" 한다고 홍보하는 전면 광고를 냈다. 이들의 주장에 따르면, 실험실 기반의 임신검사는 가정용 임신테스트기보다 더 정확할 뿐 아니라 월경을 한 차례 거른 뒤 상대적으로 더 이른 시기에 시행할 수 있었다. 또한 그런 광고에서는 흰 가운을 입고 임신검사를 진두지휘하는 여성 실험실 기사를 예사로 등장시켰는데, 추정컨대 그 근저에는 혹여 성차별주의자로 비칠 가능성을 미연에 방지하려는 의도가 깔려 있었다.

물론 미국 시장은 가정용 임신테스트기의 개발을 오랫동안 고대해왔다. 그러나 캐나다와 유럽에서 이미 약 8년 전부터 상용화가 진행된 터라 막상 그 임신테스트기가 미국 약국에 배포되었을 때는 별다른 반향을 일으키지 못했다. 고급 여성 잡지들은 이 신상품이 무엇이고 여성들의 재생산 생활에서 그것이 갖는 의미는 또 무엇인지를 주요 기사로 다루지 않았다. 그저 가끔씩 상담란에서 이 새로운 가정용 임신테스트기의 신뢰도를 묻는 질문에 시큰둥한 대답을 내놓을 뿐이었다. 상담란의 응답자들은 마치 약속이라도 한 듯 여성들에게 의사를 방문할 것을 권고했는데, 가정용 임신테스트기의 결과가 음성일 때는 그 정확성이 의심되고 양성일 때는 다음 단계에 관한 의료 상담이 필요하다는 이유였다. 그나마 여성 잡지 『레드북』이 가정용 임신테스트기를 이르면 1978년 1월부터 약국에서 구할 수 있다는 내용의 단신을 싣긴 했지만 별달리 눈에 띄거나 깊이 있는 기사는 아니었다. 당대의 의학 학술지들은 미국 의사들이 가정용 임신테스트기의 신뢰성에 대해 회의적이라는 의견을 넌지시 드러내기도 했다.[2]

사정이 이렇다보니, 새로운 가정용 임신테스트기의 제조사들이 잡지와 신문 및 텔레비전으로 광범위하게 벌인 광고 캠페인이 무색하게도 정작 여성들은 그 테스트기들이 고가인데다 신뢰성이 여전히 의심스럽다는 이유 탓에 구입을 만류당하는 경우가 태반이었다. 미국 여성 가운데 다수는 굳이 그런 비용을 들여가면서까지 가정용 임신테스트기를 구입할 필요성을 느끼지 못했다. 그럴 바에는 그냥 늘 하던 대로 병의원에 가서 의사에게 임신검사 결과를 확인받으면 그만이었다.

정확하지도 믿음직하지도 않은

정말일까? 1978년에 출시된 가정용 임신테스트기는 정말 그다지도 신뢰성이 부족할까? 글쎄, 딱 잘라서 대답하기는 어려운 문제다. 미국 시장에 최초로 출시된 가정용 임신테스트기는 대부분 1970년대 초 캐나다에서 판매되던 검사 키트들과 생명공학적으로 동일한 기술을 사용했다. 개중에는 심지어 메그 크레인의 1969년 디자인을 모델로 제작한 상품도 더러 있었다. 이러한 테스트기는 오로지 월경을 한 차례 거르고도 9일이 지난 뒤에야 사용이 가능했을뿐더러, 때로는 그마저도 너무 일렀다. 대부분의 의사들은 월경을 적어도 두 차례는 거르고 나서 그 임신테스트기를 사용할 것을 권고했다. 또한 문제의 임신테스트기는 직사광선이 들지 않는 절대적으로 고요한 환경에 두 시간 동안 가만히 두어야 했다. 그러지 않으면 결과가 자칫 무효화될 소지가 있었다. 게다가 민감도도 시원찮아서, 자궁외임신 시 분비되는 비교적 소량의 hCG를 검출하기에는 역부족이었다. 일부 여성 잡지들은 바로 이 점을 독자들에게 강조하면서 가정용 임신테스트기 사용을 말렸다. 그뿐만이 아니었다. 가정용 임신테스트기가 고전하는 사이, 실험실 임신검사법은 1970년 이래로 임신 여부를 더 빠르고 확실하게 판별하는 기술에서 발전을 거듭했다. 1977년 초에는 의사의 처방을 거쳐 실험실에서 시행하는 방사선수용체측정법이라는 새로운 임신 진단법에 관한 기사가 유수의 잡지와 신문에 게재되었다.[3] 여성 잡지『굿 하우스키핑』은 이 방사선수용체측정법이 결과를 "즉석에서" 제공할 뿐 아니라, 이전에 통용되던 온갖 검사법에 비해서는 물론이고 머지않아 약국에서 처방전 없이 판매될 가정용 임신테스트기와 비교하더라도 민감도가 더 뛰어나고 정확하다고 독자들에게 설명했다. 1977년의 방사선수용체측정법은 주디스 바이터카이티스 팀이 미국 국립보건원에서 개발한 검사법과는 엄연히 달랐지만, 여성의 소변에 함유된 hCG 농도를 측정할 목적으로 방사성 원소를 사용했다는 점에서 일면 유사성이 있었다. 방사능 연구에 필요한 여러 특수 장비 및 기술을 고려할 때, 이 새로운 임신검사법은 장차 실험실 밖에서 사용될 가능성이 전혀 없었다.

    바이터카이티스와 논문을 공저한 글렌 브라운스타인이 내게 전화상으로 설명한 내용에 따르면, 그들이 베타−hCG를 검출할 목적으로 발명한 기술을 가정용 임신테스트기에 적용하기 위해서는 세 가지 발전이 전제되어야 했다. 이 기술들이 한데 어우러진 뒤에야 비로소 가정용 임신테스트기는 오늘날 우리가 아는 임신테스트기 못지않은 정확도와 신뢰도를 확보할 수 있었다. 또한 오늘날 여성들이 월경을 거르기 전까지는 아니더라도 거른 직후에는 우리에게 익숙한 막대형 가정용 임신테스트기로 임신 여부를 확인할 수 있게 된 것도 궁극적으로는 바로 이 기술 덕분이었다. 하지만 이 가운데 구체적으로 임신테스트기를 위해서 발명된 기술은 단 하나도 없었다. 심지어 브라운스타인도 암 연구의 일환으로 hCG를 연구한 케이스였다. 하지만 그 기술들은 본래의 의도가 무엇이든 간에 결국 임신테스트기의 변화를 이끌게 되었다.

자, 이쯤에서 시곗바늘을 되돌려보자. 가장 초기의 실험실용 임신테스트기 뒤에 숨은 장면을 다시, 조금 더 상세하게 살펴보자는 얘기다. 임신테스트기가 세대를 거듭하며 달라져온 과정을 이해하기 위해서는, 우선 그에 대한 이해가 필수적이다. 지금껏 개발된 신뢰할 만한 실험실 임신검사법은 모두 면역검사의 일종으로 간주된다. 왜냐하면 항체를 이용해 hCG를 검출하는 기술에 기반한 검사이기 때문이다. 가정용 임신테스트기를 포함한 초창기의 임신검사법은 토끼의 도움으로 hCG 항체를 추출했다. 토끼 입장에서는 hCG가 (어쨌든 인간에게서 온) 외부 물질이므로, 토끼에게 hCG를 주입하면 몸에서 hCG에 대한 항체를 생산하기 때문이다. 과학자들은 토끼의 혈액을 채취해 그 안에 함유된 hCG 항체를 분리하고 건조한 다음 그중 소량을 시험관에 첨가했다. 그런 다음에는 (역시 인간에게서 추출한) hCG로 코팅하고 건조한, 양의 혈액세포 한 패킷을 추가로 보충했다. 그 건조된 혈액에 증류수와 임신한 여성의

(hCG가 함유된) 소변을 추가하면 hCG 항체들이 소변 속 hCG에 결합할 테고, 거기에 양의 혈액세포를 첨가하면 더 결합할 hCG 항체가 없으니 시험관 바닥에 고리 모양이 나타나면서 여성의 임신 사실을 알려줄 것이었다. 반면에 여성의 소변에 hCG가 들어 있지 않으면, 양의 혈액세포가 토끼의 hCG 항체에 반응할 테니 시험관 바닥에 임신을 알리는 고리 모양이 나타나지 않을 것이었다. 이와 같은 검사법들의 개발 의도는 예컨대 토끼, 쥐, 개구리, 두꺼비 검사법처럼 동물들에게 의존하는 임신 진단법을 대체하는 데 있었다. 하지만 그 검사법들 역시 임신 사실을 알려줄 화학 반응에 필요한 항체 및 혈액세포를 생산한다는 명분하에 동물실험에 의존하기는 매한가지였다.

그러다 1975년에 단클론항체가 발견되면서 상황이 바뀌었다. 단클론항체는 실험동물에 의존하지 않고 세포배양을 통해 인공적으로 생성되는 항체를 가리킨다. (세포배양은 세포 클로닝을 통해서 이루어지며, 단클론항체라는 이름도 거기에서 나왔다.) 단클론항체는 실험실에서 몇 번이고 반복해서 복제될 수 있기 때문에, 토끼를 이용해 hCG 항체를 생성하는 기존의 방법에 비해서 상대적으로 신뢰성과 특이성, 일관성이 뛰어나다. 또한 단클론항체 덕분에 검사용 토끼 항체 생산을 위해 지속적으로 토끼를 확보해야 할 필요도 없어졌다.

브라운스타인의 견해에 따르면, 현대적 가정용 임신테스트기의 탄생에 기여한 두번째 중요한 발견은 1971년에 개발된 ELISA였다. ELISA, 즉 효소결합면역흡착측정법enzyme-led immunoassay은 글자 그대로 효소를 이용해 (예컨대 hCG나 코로나19 바이러스와 같은) 항원과 항체 사이의 반응을 탐지하는 측정법 내지 검사법이다. ELISA는 임신 진단의 판세를 바꾸었고, 오래지 않아 독감부터 후천성면역결핍증에 이르기까지 온갖 질병의 진단에 유용한 기법으로 자리매김했다. 2020년 초에 사용된 최초의 코로나19 바이러스 검출법은 모두 ELISA였다(가정용 검사 키트도 대체로 마찬가지였다). 한편 ELISA가 hCG를 검출하는 데 활용되기 시작한 것은 1976년부터였다. 애초에 가정용 임신테스트기를 염두에 두고 개발되지 않았음에도 ELISA는 방사면역측정법의 대체 시험법으로 사용되었는데, 방사성 물질에 의존하는 방사선면역측정법의 특성상 그것을 일상적 검사법으로 쓰기에는 위험하다는 인식이 존재한 까닭이었다. ELISA는 hCG 농도를 측정하는 수단으로 방사성 요오드 대신 hCG와 hCG 항체 사이의 화학반응에 유사하게 반응하는 효소를 사용했다. 만약 검사 대상인 여성의 소변에 hCG가 존재하면 그 hCG는 hCG 항체들과 결합하고 이에 대해 ELISA의 효소가 반응하면서 색이 파랗게 변하도록 되어 있었다. hCG가 없으면, 항체와의 결합도 없고 색깔 변화도 없을 것이었다.

    1980년대 중반 즈음에는 미국 시장에 해마다 새로운 종류의 가정용 임신테스트기가 출시되는 분위기였다. 그중 한 제품의 시험법은 단클론 항체 용액이 담긴 컵에 여성의 소변을 첨가해 혼합하는 방식이었는데, 이때 그 액체가 붉은 색을 유지하면 이는 그 여성이 임신하지 않았다는 뜻이었고, 투명하게 변하면 임신했다는 뜻이었다. 1984년 무렵에는 EPT가 개량되면서 새로운 임신 검사법을 세상에 선보였다. 이른바 이 딥스틱 검사법은 여성이 컵에 소변을 보고 거기에 효소 용액을 혼합한 다음 그 안에 검사용 스틱을 담그는 방식이었다. 만약 스틱 끝이 푸른색으로 변하면(분홍색으로 변하는 버전도 있었다), 그 여성은 임신한 것으로 간주되었다. 색깔 변화가 없으면, 임신이 아니라는 뜻이었다.[4] 또하나의 가정용 임신테스트기 브랜드 어드밴스는 독자적 버전의

ELISA 임신테스트기를 세상에 들고 나왔다. 그 임신테스트기를 사용하면 검사 결과를 30분 이내에 확인할 수 있었고, 종전의 임신테스트기들이 두 시간의 기다림을 요했다는 사실과 비교할 때 이는 누가 보더라도 장족의 발전이었다.

ELISA 검사법이 도입되기 전까지만 해도 미국 내에서 가정용 임신테스트기 시장은 성장세가 극도로 미미했다. 초기 가정용 임신테스트기를 출시한 각 제약회사의 수장들은 자신들의 신상품이 임신 진단법을 근본적으로 바꿔 새로운 수익을 창출할 시장을 조성해주기를 바랐다. 그러나 기대와 달리 변화는 거의 이루어지지 않았다. 1985년 무렵 EPT의 제조사인 워너램버트의 한 남성 임원은 가정용 임신테스트기를 구매하는 인구가 잠재적 소비자의 겨우 10퍼센트에 불과하다는 사실을 알아차렸다. 하지만 그는 ELISA 검사법을 적용한 EPT의 등장으로 관련 시장이 기하급수적으로 성장할 거라고 내다보았다.[5] 물론 그 예측은 들어맞았지만, 심지어 그때까지도 그리고 이후로도 몇 년 동안 가정용 임신테스트기의 주된 소비자층은

고등교육을 받은 백인 기혼 여성에 국한되어 있었다.

자가 진단

가정용 임신테스트기의 소비 시장이 그렇게 제한된 데는 다 그럴 만한 이유가 있었다. 가정용 임신테스트기 광고에서는 하나같이 검사의 신뢰성과 정확성을 강조했지만, 광고에 등장하는 여성들은 한눈에 봐도 거의 결혼한 백인이었다. 당시 임신테스트기의 제조사들은 확실한 소비자층을 겨냥하고 있었다. 1987년 11월에 등장한 딥스틱 임신테스트기의 초창기 광고들은 결혼반지를 여봐란

듯이 끼고 있는 백인 부부를 모델로 세웠다. 그 제조사인 워너램버트는 결혼반지의 부각이 의도적인 연출은 맞지만 그로써 도덕적 메시지를 전달할 의도는 없었다고 선을 그었다. 단지 가정용 임신테스트기 소비자의 70퍼센트가 기혼 여성이라는 점을 고려해, 구매 잠재력이 가장 크다고 여겨지는 소비자층을 광고 대상으로 삼았을 따름이라는 해명이었다. 다만 왜 하필 기혼 여성들이 그 제품을 더 선뜻 구매하는지에 대해서는 별다른 언급이 없었다.

우리 나름대로 그 답을 추측해볼 수는 있다. 우선 비용 문제가 있었다. 1984년에 일반적인 임신테스트기의 가격은 평균 10달러(2021년 화폐가치로 환산하면 25달러)였고, 이는 결코 만만한 액수가 아니었다. 사용 설명서도 문제였다. 1982년의 한 연구에서 이런저런 가정용 임신테스트기의 사용 설명서를 비교한 결과, 내용이 수월히 읽히지 않는 사례가 적지 않았다. EPT와 프리딕터를 비롯해 인기리에 판매되던 가정용 임신테스트기의 설명서 중에도 8급 내지 9급의 독해 수준을 요하는 것들이 제법 눈에 띄었다. 참고한 연구 논문의 저자들은 그 같은 사용 설명서에 적힌 단어의 대다수가 생소한 전문용어였을 뿐 아니라 명료성이 개선될 여지도 다분하다고 지적했다.[6] 1986년 위스콘신주 밀워키에서 시행된 또다른 연구에 따르면, 고등학교 교육을 받지 않은 20세 이하 여성은 가정용 임신테스트기를 사용하다 실수를 범하는 비율이 여느 여성들에 비해서 압도적으로 높았다.[7]

한편 임신검사비를 환자의 수입이나 자립도에 따라 차등적으로 부과하면서 이와 같은 서비스를 공공연하게 홍보하는 여성 병원도 갈수록 늘어나는 추세였다. 10대 소녀들의 인기 잡지 『세븐틴』에 실린 1981년의 한 기사에서는, 임신이 의심될 경우 미국가족계획연맹에 찾아갈 것을 독자들에게 권장하면서 미국가족계획연맹은 비용을 지불할 수 없는 사람도 결코 외면하지 않는다는 말로 그들을 안심시켰다.[8] 그런가 하면 1970년대 말엽에는 로 대 웨이드 판결에 대한 반향으로 임신중지에 반대하는 병원들이 대거 개원하면서 여성 환자들을 끌어들일 목적으로 지역신문 및 잡지에 무료 임신검사 광고를 올리기 시작했다. 그들의 의도는 임신중지를 고려하는 임신한 여성들을 무료 검사라는 미끼를 이용해 유인하는 것이었다. 그러나 문제의 광고들은 이러한 진의를 대체로 드러내지 않았고, 그로 인해 상당수의 여성이 가정용 임신테스트기가 터무니없이 비싸다고 여기던 차에 무료 서비스라는 말에 혹해 임신검사를 받으러 갔다가 종내는 임신중지의 위해성에 관한 강압적이고도 종종 유사 과학에 그치는 설교를 맞닥뜨리는 경우가 부지기수였다.

이렇듯 금전적 장벽을 비롯한 여러 난관이 가정용 임신테스트기의 적시 사용을 가로막았음에도, 임신테스트기는 여성이 자신의 재생산하는 몸을 이해하고 이를 바탕으로 임신을 진단하던 기존의 문화에 일대 변혁을 가져왔다. 의료인류학자 브리기테 조던은 1970년대 중엽에 어느 여성 병원에서 자원봉사를 한 적이 있다. 여성의 몸을 이해하기 위한 여성 연구와 임신 자가 진단의 의의를 중요시하는 병원이었다. 조던은 얼마나 많은 여성이 이를테면 월경을 거르는 일이라든지 유방의 압통 및 확대, 구역감과 같은 몸의 변화를 살핌으로써 자신의 임신을 스스로 정확하게 진단하는지를 확인하고자 했다. 비록 연구에 참여한 여성은 33명에 불과했지만, 조던은 그들 모두가 딱 한 명을 제외하고는 임신검사에 의존하지 않고도 자신의 임신 여부를 올바르게 진단했다는 사실을 확인했다. 하지만 조던이 한 주 늦어진 월경으로 임신을 확신하고 임신중지 시술을 받으러 온 여성인

척하며 병의원을 방문했을 때는 도합 서른 곳 중 단 한 곳도 그의 말을 진지하게 받아들이지 않았다. 마치 약속이라도 한 듯 그들은 조던에게 우선 실험실 임신검사부터 받아볼 것을 권했다. 현대의 독자들은 의사 입장에서 이런 조건을 내세우는 것이 상식적이라고 여길 수도 있다. 의사가 임신중지 시술을 시행하기에 앞서 임신 여부를 확진하고 싶어하는 것은 기본 중의 기본 아니겠는가. 그러나 실험실 임신검사법이 개발되기 전까지 수세기 동안 여성들은 대부분 스스로의 임신 진단을 근거로 임신중지를 시도했다. 조던의 연구는 이러한 문화에 생긴 변화를 지적하고 있었다.

조던이 그 연구를 실시한 시기는 미국에서 가정용 임신테스트기가 통용되기 이전이었다. 따라서 자가 검사의 시행 가능성이 그의 연구에 어떤 영향을 미쳤을지에 대해서는 논의가 불가능하다. 그렇지만 조던은 실험실 임신검사가 새롭고도 편재적인 표준으로 자리잡았고 그 과정에서 이른바 "임신 진단의 의학적 모델"이 새롭게 도입되었다는 사실에 주목했다.[9] 여성의 몸에서 벌어지는 일에 대한 여성 자신의 확신은 그예 신뢰성을 상실했다. 임신검사는, 심지어 가정용 임신테스트기조차 여러 면에서 그러한 변화를 촉진했다. 이제 여성들은 월경을 거른 바로 다음날부터 임신중지를 원해서든 출생 전 관리를 희망해서든 '산과 환자'로서 임신검사를 받을 수 있게 되었다.[10] 임신검사 덕분에 자기 몸에 관한 정보를 이전 그 어느 때보다 더 풍부하게 제공받는다고 볼 수도 있다. 하지만 그 대가로 여성들은 관련 의학 지식의 무력한 소비자가 되었다. 요컨대 자기 몸속에서 벌어지는 현상을 파악하는 일에도 모종의 값을 치를 수밖에 없게 된 것이다.

게다가 임신검사는 심지어 가정용 임신테스트기를 사용할 때조차도 자칫 강압적으로 시행될 소지가 있었다. 일례로 1979년〈레이디스 홈 저널〉에 실린 한 기사의 내용을 들여다보자. 테리 무어라는 젊은 백인 여성은 오토바이 절도죄로 15년을 복역했다. 수감중에 테리는 자신에게 몇 년 동안 성적으로 추근대던 교도소 경비원과 마지못해 성관계를 가졌고, 거의 곧바로 자신이 임신했다는 사실을 알아차렸다. 테리는 한 친구에게 임신 사실을 털어놓았다. 소문은 삽시간에 퍼져나갔고, 교도관들은 테리에게 임신검사를 권했다. 테리는 거부했다. 일단 임신으로 확진되면 임신중지를 강요당할지 모른다는 걱정이 앞섰다. 그는 경비원과 성관계를 가진 데 대한 처벌을 면제할 것과 임신중지를 강요하지 않을 것을 약속받은 뒤에야 임신검사에 응했다. 이제 테리의 몸과 임신은 테리의 통제권을 벗어났다. 딸의 출생 후 임시 양육권이 주어졌지만, 남은 형기를 채우는 동안 테리가 양육권 포기와 입양을 강요받았는지에 대해서는 기사 말미까지 분명한 사실관계가 밝혀져 있지 않다.[11] 어찌 되었든, 검사 결과 임신이 확진되자 테리의 몸은 교도관들과 경비원들의 면밀한 감시 대상이 되었고 이동의 자유도 부쩍 제한되었다. 일단 임신검사를 받으면 '산과 환자'가 된다는 사실을 테리는 충분히 인지하고 있었다. 비록 테리 자신이 직접 그 용어를 입에 올리진 않았지만 말이다.

정확하고 믿음직한

가정용 임신테스트기의 개량은 계속되었다. 1987년에는 영국에 기반을 둔 화이트홀연구소가 클리어블루원스텝을 시장에 내놓았다. 이 가정용 임신테스트기는 소위 말하는 게임 체인저였다. 1988년 1월경 미국 시장에 클리어블루이지라는 상품명으로 출시된 그 제품은 가정용 임신테스트기 가운데 최초로 오늘날 우리에게 친숙한 막대형 검사기와 비슷한 모양을 갖추고 있었다. 처음에 광고주들은 그 테스트기를 펜과 비교했다. 클리어블루는 영국 상품명을 보면 알 수 있듯이 오로지 한 단계만으로 검사를 완료할 수 있었다. 설명서에 따르면 여성들은 그 막대형 검사기의 끝을 자신의 소변 줄기에 댔다가 뚜껑을 덮는 것만으로, 놀랍기 그지없게 단 3분 안에 검사 결과를 확인할 수 있었다. 반면 같은 시기의 다른 임신테스트기들은 적어도 다섯 단계의 공정을 거치고 15~30분 정도는 기다려야 결과를 보여주었다. 미국 진출 초기에 클리어블루는 광고에서 이러한 차이점을 중점적으로 부각했다. 클리어블루의 첫번째 광고에 등장하는 한 여성은 잡다한 시험관이며 면봉이며 타이머도 모자라, 컵에서 쏟아진 소변까지 앞에 둔 상태에서 당황스러운 표정으로 여러 단계의 복잡한 지시 사항을 읽어보려 애쓰고 있다. 그런가 하면 후속 광고에서는 그간 시장을 선도해온 온갖 가정용 임신테스트기 브랜드와 클리어블루를 비교하는 차트가 등장했다. 클리어블루는 가장 적은 (단 한 개의!) 부품으로 구성되었고, 대기 시간이 가장 짧았으며, 오로지 한 단계의 공정만을 요했다. 더욱이 이러한 편리성을 위해서 정확성을 희생시키지도 않았다는 것이 광고에서 내세운 강점이었다. 또한 클리어블루는 오늘날 우리에게 친숙한 약어를 판독에 사용한 최초의 임신테스트기이기도 했다. 다시 말해 시험 결과가 음성이면 파란 줄 한 개, 양성이면 두 개로 표시되었다는 뜻이다.

결국 클리어블루는 미국과 유럽 모두에서 가정용 임신테스트기 시장을 접령했다. 그리고 이런 성과는 마지막 세번째 발견, 그러니까 다공성의 니트로셀룰로오스막을 이용한 측방유동검사가 개발된 덕분에 가능했다. ELISA를 개량한 이 검사법에는 과학자들이 고안한 길고 가는 셀룰로오스 조각의 끝부분으로 액체를 흡수하여 측방 혹은 상방으로 흐르도록 유도하는 방식이 적용되었다. 오늘날의 모든 막대형 가정용 임신테스트기에는 바로 이 기술을 적용한 시험 용지가 내장돼 있다. 이 신기술 덕분에 과학자들은 검사 결과를 판독하는 데 필요한 베타-hCG 항체와 효소를 셀룰로오스 시험지에 부착할 수 있었다. (이때 항체들과 효소들은 셀룰로오스 용지 속에 글자 그대로 샌드위치처럼 끼워진다.) 시험 용지가 흡수한 소변은 베타-hCG 항체들 쪽으로 이동한다. 이때 만약 소변 안에 hCG가 존재하면 항원항체반응이 일어나면서 효소의 색이 변화하는데, 그 경우 대부분의 초기 임신테스트기에는 두번째 줄이 나타나게 된다. 한편 항원항체반응이 일어나지 않으면 임신테스트기에는 첫번째 줄 하나만 나타나는데, 이는 일종의 대조군으로 임신테스트기가 정상적으로 작동하고 있음을 사용자에게 확인시키는 용도다. 이와 같은 대조선의 도입은 실로 영리한 혁신이었다. 이전의 임신테스트기에서는 결과가 음성으로 나타나더라도 그것이 비임신을 의미한다고 확신할 길이 없었다. 단지 검사 단계를 잘못 수행하는 바람에 테스트기가 오작동했을 가능성을 배제할 수 없는 까닭이었다. 하지만 그 시절 한 과학지 기사에 붙은 호의적 제목을 인용하자면, 이 "새로운 임신테스트기는 화학 수업을 사양"하고 있었다. 이제 여성들은 구태여 컵에 소변을 받아서 호르몬이며 효소와 혼합하지 않고도 자신의 임신 여부를 검사할 수 있었다. 게다가 이 가정용 임신테스트기는 베타-hCG를 지표로 삼은 덕분에, 이를테면 월경을 한 차례 거른 바로 다음날처럼 상당히 이른 시기에도 검사를 시행할 수 있었다.[12]

불과 몇 년 만에 클리어블루는 가정용 임신테스트기의 표본으로 자리매김했다. 기존에 시장을 선도하던 거의 모든 브랜드가 클리어블루의 뒤를 따랐다. 개중 일부 브랜드는 의도적으로 자사의 광고 캠페인에 변화를 단행함으로써 논란을 자초하기도 했는데, 그 근저에는 미개척 시장으로 진출해보려는 의도가 깔려 있었다. 1990년 한 마케팅 잡지에서 지적한 바와 같이, 이전까지만 해도 가정용 임신테스트기 제조사들은 "자사 제품과 관련된 비교적 민감한 쟁점들을 다소나마 잠재울" 목적으로 얼마간 고루한 형식의 광고 기조를 고수해왔다. 결과적으로 그 회사들은 "임신을 원하는 성숙한 상류층 여성들"을 집중 공략 대상으로 삼았다. 해당 기사의 표현을 빌리자면, 이들은 "리스크가 가장 낮은 소비자층"이었다. 그러나 일찍이 앤서라는 가정용 임신테스트기를 제조했고 근래에 퍼스트리스폰스의 제조사를 인수한 카터월리스는 대학생을 새로이 마케팅 대상에 포함시키는 한편 임신테스트기 검사에서 양성이 나오는 게 항상 좋은 소식이라는 투의 광고는 지양하는 쪽으로 노선을 정했다. 이 제법 어리고 대개는 미혼인 여성 집단을 겨냥해 카터월리스가 새로이 제시한

슬로건은 "당신 스스로 알기 전까지는 아무것도 중요하지 않습니다"였다.[13]

1991년 텔레비전의 인기 시트콤 〈머피 브라운〉에서는 미혼의 성공한 백인 여성 뉴스캐스터 머피가 당연한 듯 가정용 임신테스트기로 자신의 임신을 확인하는 에피소드를 방영해 시청자들에게 충격을 안겼다. 혹자는 그 시트콤이 가정용 임신테스트기의 인기를 높이고 검사 결과의 정확성을 대중에게 각인하는 데 기여했다고 여긴다. 아닌 게 아니라 머피는 가정용 임신테스트기가 틀렸기를 바라며 검사를 몇 번이나 거듭하지만, 결과는 모두 한결같이 양성이었다. 또한 그 시트콤은 가정용 임신테스트기가 임신을 가장 사적으로 확인하는 방편은 아닐 수도 있음을 시사하는 역할도 했다. 약국에서 머피는 카트에 가정용 임신테스트기를 가득 담은 상태로 방송국의 남자 상사를 맞닥뜨린다. (당시 머피는 양성이라는 첫 검사 결과가 맞는지 확인하기 위해서 임신테스트기를 열 개 이상은 써보기로 결심한 참이었다.) 상사는 적잖이 당황했다. 미혼의 임신한 뉴스 앵커가 본인의 자리를 지키면서 대중의 비난을 피하기란 요원한 까닭이었다. 실제로 훗날 부통령 댄 퀘일은 이 허구의 인물 머피가 혼전 성관계를 가진데다 결혼도 하지 않고 아이를 키우기로 결심했다는 이유로 "가족의 가치를 좀먹는" 인물이라며 혹독한 비난을 퍼붓기도 했다.[14] 게다가 그 시트콤은 머피가 임신중지를 고려하는 장면을 보여줌으로써 일부 시청자들을 경악에 빠뜨렸다. 정말 〈머피 브라운〉은 가정용 임신테스트기의 대중적 인기에 기여했을까? 아니면 거꾸로 가정용 임신테스트기의 접층적 인기가 그 시트콤에 반영된 것일까? 어느 쪽이든, 1990년대 초 가정용 임신테스트기 시장이 급성장한 것만은 사실이었다. 1992년부터 2004년 사이에 가정용 임신테스트기 시장은 7억 5천만 달러 규모에서 28억 달러 규모로 확대되었다.[15] 오늘날에는 미국에서만 해마다 2천만 명의 여성이 가정용 임신테스트기를 사용하는 것으로 추산된다.[16] 그 결과 이제는 여성이 자기 집에서 임신테스트기로 임신 여부를 확인하는 것을 대부분의 의사가 당연시하게 되었다.

한데 대체 무엇이 달라진 것일까? 첫째, 가격이 달라졌다. 비록 상점에서 판매되는 유명 브랜드의 제품들은 여전히 비싼 편이지만 무명 브랜드의 제품들은 이제 지역 약국이나 온라인에서 단돈 2달러 정도에 구입할 수 있다. 둘째, 광고 캠페인에도 변화가 있었다. 제약회사들이 비교적 젊은 미혼 여성과 유색인 여성을 포함해 이전보다 폭넓은 소비자를 겨냥한 임신테스트기 광고를 내놓기 시작한 것이다. 셋째, 이 책의 2부에서도 다루겠지만 21세기에는 가정용 임신테스트기가 텔레비전 드라마나 영화 속에서 임신 진단의 표준적 방식으로 자리잡았다. 등장인물이 임신검사 결과를 기다리는 장면은 서사에 자연스러운 긴장감을 불러일으켰고, 이로 인해 미디어에는 가정용 임신테스트기가 점점 더 자주 등장하게 되었다.

1987년 이후 가정용 임신테스트기는 비교적 소소한 사항을 중심으로 개선이 진행되었다. 현재 다양한 임신테스트기 제조사의 경쟁적 관심사는 검사 결과의 제공 시기를 앞당기는 것이다. 개중에는 월경을 거르기 6일 전부터 정확한 결과를 제공한다고 장담하는 제품들도 있다. 2003년에 클리어블루는 디지털식 가정용 임신테스트기를 출시하면서 임신 여부를 기존의 다소 모호한 표시선 대신 "임신" 혹은 "비임신"이라는 문자를 통해 확인할 수 있도록 체계를 바꾸었다. (디지털식 테스트기에 내장된 컴퓨터칩이 검사 결과를 문자로 표시하는 것이다. 하지만 임신 여부를 탐지하는 근본적 기술은 디지털식이든 비디지털식이든 차이가 없다.

다시 말해 hCG가 여전히 두 방식 모두에서 핵심적 역할을 담당한다는 뜻이다.)

가정용 임신테스트기의 가장 흥미로운 발전은 현재 통용중인 제품의 한계를 극복하려는 노력을 기반으로 이루어졌다. 2021년 여성 경영진이 운영하는 리아라는 이름의 작은 회사는 수세식 변기에 버릴 수 있는 임신테스트기를 시중에 판매하기 시작했다. 리아의 제품 역시 여느 막대형 임신테스트기와 마찬가지로 막대 끝에 소변을 묻힌 뒤 약 2분을 기다리면 결과를 확인할 수 있고, 이때 두 줄이 나타나면 임신이라는 뜻이다. 하지만 리아의 임신테스트기가 남다른 이유는 생분해성 셀룰로오스 용지로 만들어져 사용 후 수세식 변기에 버려도 된다는 데 있다. 집안 식구들에게 자신이 임신했다는 사실을 (혹은 임신했을까봐 걱정한다는 사실조차) 알리기를 원하지 않는 여성들에게, 리아는 임신을 가장 은밀하게 검사할 방편을 제공한다. 요컨대 리아는 임신테스트기 검사 결과의 흔적을 조금도 남기지 않는다.

개발도상국 여성들의 재생산 건강을 지원하는 비영리 단체 가이뉴이티는 다수준 임신테스트기의 개발에 힘을 보탰다. 그들의 취지는 임신중지약을 구하려면 장거리 여행을 감수해야 하거나 의약품 임신중지의 완료 여부를 확인하기 위해 다시 병원을 찾을 여력이 없는 여성들을 돕는 것이었다. 가이뉴이티가 지원하는 병원들은 임신중지 약을 구하는 여성들에게 다수준 임신테스트기를 각각 두 개씩 제공한다. 이 다수준 임신테스트기에는 (통상적 임신테스트기와 달리 한 개가 아닌) 다섯 개의 창이 나 있으며, 각 창에는 측정할 hCG의 농도가 25mlU / ml부터 10,000mlU / ml까지의 범위로 표시되어 있다. 설명에 따라 여성들은 첫번째 임신테스트기를 사용한 검사의 결과, 예컨대 짙은 두번째 줄이 모든 창에서 나타나는지 혹은 일부 창에서만 나타나는지를 기록해두어야 한다. (이것은 여성의 체내 임신 호르몬 수치를 확인하는 절차다.) 그 첫번째 임신검사를 마친 여성은 임신중지 약을 복용해야 하고, 그로부터 일주일 뒤에 두번째 임신검사를 시행해야 한다. 만약 두번째 줄이 나타나는 창의 개수가 그 두번째 검사에서 줄어 있으면, 이는 곧 hCG 농도가 낮아졌다는 방증이자 임신중지가 잘 완료되었다는 뜻이다. 이 가정용 임신테스트기는 의약품 임신중지를 시도한 여성이 추후 임신중지 약의 효과적 작용 여부를 비교적 간단히 확인하게 해줄뿐더러 환자가 다시 병원을 찾아갈 필요성 역시 대폭 감소시킨다.[17] 가이뉴이티가 개발도상국에서 재생산 치료에 주력하는 사이, 미국에서는 연방 대법원이로 대 웨이드 판결을 뒤집으면서 미국 주의 절반 이상이 임신중지를 불법화하거나 규제할 것이라는 전망이 일었다. 다시 말해 자신이 거주하는 주에서는 의약품 임신중지는 물론 후속 치료마저 불가능해진 사람들이 다른 주로 원정을 떠나는 사례가 많아지면서, 미국에서도 다수준 임신테스트기의 수요가 생길 가능성이 다분해졌다는 얘기다.

한편 시각장애인이나 저시력인이 타인의 도움이나 전화 앱(검사 결과를 대신 읽어줄 사람과 연결해주는 앱)의 사용 없이 판독할 수 있는 가정용 임신테스트기와 관련해서도 여전히 논의가 진행중이다. 이 미완의 검사 도구는 영국왕립시각장애인협회에서 고안하고 조시 워서먼이 설계한 것으로, 여느 제품들과 동일한 생명공학기술을 바탕으로 hCG를 검출한다.[18] 그러나 통상적 임신테스트기에 비하면 부피가 상당히 큰데, 이는 소변 줄기의 조준 위치를 눈으로 보지 못하는 사람들을 배려해 흡수 패드의 크기를 넓혀서 제작하는 까닭이다. 또한 그 임신테스트기는 검사 결과를 점자 읽듯이 촉각으로 판독할 수 있고, 맨 윗부분은 시력이 낮은 사람도 양면을 쉽게 구분할 수 있도록 밝은 노랑색과 분홍색으로 만들어진다. 만약 검사 결과가 양성이면 임신테스트기 윗부분이 볼록 튀어나오는데, 덕분에 여성은 촉각으로 자신의 임신 사실을 확인할 수 있다. 궁극적으로 이 임신테스트기는 시각장애인이나 저시력인도 원하면 얼마든지 타인의 도움이나 비판적 시선에서 벗어나 자신의 임신검사 결과를 사적으로 알아볼 수 있도록 해줄 것이다.

21세기의 가정용 임신테스트기는 지금껏 먼 길을 걸어왔다. 하지만 그 여정이 관련 기술의 완벽성으로 귀결되지는 않았다. 가정용 임신테스트기는 이러니저러니 해도 결국 거대 제약회사와 자본주의 시장의 생산물이다. 요컨대 예나 지금이나 더 많은 판매를 염두에 두고 만들어진 물건이라는 얘기다. 이 책의 2부에서는 기업문화와 임신검사의 밀접한 관계를 비중 있게 다룬다. 또한 그 관련성이 우리가 임신 진단을 이해하는 방식에 영향을 미치게 된 배경에 관해서도 들여다본다.

2부 문화

5. 말해주세요, 의사 선생님

때는 1950년, 한 여성이 임신이 의심되어 부인과 주치의를 찾아간다. 남성은 여성에게 증상에 대해 묻는다. 월경은 몇 번이나 걸렀습니까? 소변을 전보다 더 자주 보나요? 유방 크기는 어떻습니까? 아, 더 커졌다고요? "제가 한번 봐도 되겠습니까? …아, 그렇네요, 최근에 검사했을 때보다 더 커진 것 같군요." 남성은 여성에게 유두의 색깔도 조금 더 어두워진 것 같다고 말한다. 그러고는 여성의 유륜을 꼬집어 미량의 초유가 빠져나오는 것을 확인하더니, 이 또한 임신의 징후일 가능성이 있다고 설명한다. 이어 남성은 여성에게 누우라고 지시하고는 자신의 손가락을 여성의 몸 안으로 스르르 밀어넣으며 자궁경부의 촉감이 그 여성의 입술처럼 부드러운데 이 또한 임신의 징후라고 말한다. 마지막으로 남성은 여성의 질관이 보통 때와 달리 분홍색이 아닌 보라색을 띤다는 점을 언급한다. "제 개인적 소견으로는, 임신이 확실해 보입니다." 남성은 이렇게 결론 지으면서도, 그것들이 단지 임신의 추정 징후일 뿐이란 설명을 덧붙인다. 확정적 진단은 여성이 토끼 검사를 받아야만 가능하다는 것이다. 오로지 임신검사를 통해서만 임신을 확진할 수 있다는 그 의사의 주장은, 임신 진단의 역사에 바야흐로 새 시대가 도래했음을 알리는 표지였다.

이 대화는 『레이디스 홈 저널』의 '말해주세요, 의사 선생님'이라는 칼럼을 통해 소개되었다.[1] 일견 이 칼럼은 허구처럼 비친다. 필자인 의사가 경험담을 일인칭이 아닌 삼인칭 시점에서 서술한다는 점도 그런 인상에 한몫한다. 여하튼 이 칼럼의 명시적 의도는 여성의 재생산 건강에 관한 교육을 꾀하는 한편, 여성이 맞닥뜨릴 수 있는 다양한 의학적 쟁점에 관한 조언을 제공하는 것이었다. 하지만 매회 그 칼럼은 의사인 저자가 남자 주인공으로 등장하는 단편소설처럼 읽힌다. 위에서 묘사된 대단히 사적인 검사를 마친 뒤, 새퍼드 선생은 여성에게 문제의 최신식 임신검사에 대한 설명을 시작한다. 내용은 대강 이렇다. 과거와 달리 요즘에는 임신검사에 쥐가 아닌 토끼를 사용하는데, 토끼는 상대적으로 몸집이 큰 동물이다보니 다루기가 비교적 쉬운 편이다. 또한 아프리카발 톱개구리를 사용하는 검사법도 있는데, 그 방법을 쓰면 동물을 죽이지 않아도 된다. 환자는 마지막 검사법이 마음에 든다. 안 그래도 토끼를 죽여야 한다는 생각에 마음이 영 불편하던 참이다. 하지만 의사는 그 문제에 관해서는 여성에게 선택권이 없다고 잘라 말한다. 임신검사용 개구리는 구하기도 어렵고 기르기도 어렵다는 것이다. 그러므로 만약 여성이 임신검사를 원하면, 가능한 선택지는 토끼 검사뿐이다. 마침내 여성은 의사의 권고를 받아들여 다음날 아침 한 컵 분량의 소변을 깨끗한 병에 담아오기로 한다. 소변이 오염될 우려를 제거하려면 되도록 새 병에 담아오는 편이 좋다.

임신검사에 관한 이 1950년의 칼럼은 예의 그 잡지 속 '말해주세요, 의사 선생님'의 두번째 에피소드로, 이후에는 월경·분만·임신중지 등이 연이어 다뤄졌다. 그러나 주제가 무엇이든 간에 그 칼럼이 지향하는 의도는 여성들의 재생산 건강과 어머니 및 아내로서의 역할에 관한 교육이었다. 의사는 언제나 최고의 전문가였다. 해당 칼럼은 새로운 남자 의사가 집필을 맡아 1961년에도 임신검사를 주제로 다룬 바 있었다.[2] 그런데 1950년의 칼럼 속 환자가 임신 가능성에 들떠 있었다면, 웰치 부인이라는 가명의 1961년 칼럼 속 환자는 월경을 거르게 되자 다소 양가적인 감정에 휩싸인 채 의사를 찾아간다. 부인은 자기는 임신을 해도 꼭 형편이 안 좋은 시기에 하는 기분이 든다고 의사에게 하소연한다. 의사는 의무 기록을 살펴본다. 아닌 게 아니라 웰치 부인은 전에도 두 번 그 병원을 찾은 적이 있다. 20년 전에 한 번, 그로부터 5년 뒤에 또 한번. 사실 그는 웰치 부인의 주치의가 아니다. 그의 병원은 부인의 자택에서 상당히 멀리 떨어져 있다. 웰치 부인이 굳이 이곳을 찾은 데는 다 그럴 만한 이유가 있다. 그는 동네 사람 누구에게도 자신의 임신 가능성을 들키고 싶지 않다. 부인이 스무 해 전에 임신검사를 요청했을 때는 아슈하임–존데크법, 그러니까 쥐 검사법이 사용되었다. 그때는 월경을 거른 뒤로도 2주는 더 기다려야 검사를 받을 수 있었고, 거기서 또 2주를 더 기다린 뒤에야 비로소 양성이란 결과를 받아볼 수 있었다. 그로부터 5년 뒤 부인이 다시 그 병원을 찾아갔을 때는 프리드먼의 토끼 검사법이 임상에서 쓰이고 있었지만, 임신중지를 원하는 웰치 부인의 의중을 간파한 의사는 임신 진단을 거부했다. 대신에 의사는 부인을 병원 밖으로 배웅하면서, 결혼생활에 고충이 있다면 남편과의 대화를 통해 풀어보라는 조언을 건넸다.

그후로 15년이 더 흐른 지금 웰치 부인은 몇 달째 월경이 없자 그 병원을 다시 찾았다. 어느덧 나이는 쉰다섯이고, 두 아이는 거의 다 자란데다가 남편의 사업은 삐걱거린다. 하필 그런 시점에 임신을 했을지 모른다고 생각하니 걱정이 앞선다. 웰치 부인은 한 친구가 알려준 "임신검사용 신약"을 처방해줄 수 있겠느냐고 의사에게 묻는다. 듣기로 그 친구는 문제의 알약을 복용한 뒤로 월경이 다시 시작되었다고 했다. 따라서 부인의 그 요청에는, 자신이 실제로 임신했을 경우 그 알약으로 유산을 유도할 수도 있으리라는 기대가 깔려 있다. 의사는 그의 기대를 무너뜨린다. 웰치 부인이 잘못 알고 있다는 것이다. 요컨대 임신한 여성은 그 알약을 복용하더라도 월경이 재개되지 않는다. 월경의 재개는 임신하지 않은 여성에게만 나타나는 현상이라는 얘기다. 이어 의사는 몇 마디 훈계를 덧붙인다. "이로써 부인은 부군의 사랑과 이해심과 원숙함을 두 번이나 과소평가한 셈이 되었군요. 어쩌면 새로 생긴 아이가 그분의 인생에 신선한 흥미와 목표를 부여할 수도 있을 텐데 말이죠." 의사는 다시금 웰치 부인의 임신검사 요구를 거부하기로 마음먹는다.

대표적 임신검사법 중 다수는 1940년대부터 1980년대 후반까지 즉 여성들이 간이 임신 진단을 목적으로 병원을 찾는 일이 갈수록 줄어들던 시기에 비슷한 변화를 겪었다. 웰치 부인과 마찬가지로 임신검사를 위해 의사를 방문한 여성 가운데 대다수는 그 경험이 사적으로 이루어질 거라고는 생각하지 않았다. 일례로 1967년 『레드북』에 실린 한 단편소설을 보자. 여자 주인공은 지역 병원에서 임신검사를 받는다. 그런데 마침 한 친구의 남편이 그 병원에서 일하고 있던 터라 검사 결과가 양성이라는 소식이 즉시 친구들 사이에 쫙 퍼진다.[3] 역시 『레드북』에 실린 1949년의 또다른 이야기를 보자. 한 여성이 임신검사를 받기 위해 주치의와 진료 약속을 잡는다. 그러자 남편은 한사코 부인을 따라나선다. 아기를 또 가지는 것에 대해 일종의 양가감정을 느끼던 터라, 가서 아내의 주치의와 단둘이 이야기를 나눠보려는 것이다. 검사가 끝나자 두 남성은 진료실로 들어가 여성의 잠정적 진단 결과를 놓고 이야기를 나눈다. 의사는 둘째가 아들일 가능성을 언급하고 이에 크게 감동한 남편은 아내의 임신 상태를 유지하기로 마음먹는다. 정작 임신 당사자인 여성이 주치의와 상담을 해보기도 전에, 두 남성이 한 여성의 운명과 그 여성의 임신이 처할 운명을 결정해버린 것이다.[4]

1969년 『코스모폴리탄』에는 모녀 관계의 변화를 시사하는 기사 한 편이 실린다. 기사 속 젊은 여성은 친구의 이야기라면서 병원 방문 없이 소변으로 임신검사를 하려면 어떻게 해야 하느냐고 모친에게 묻는다.[5] 20년 후 배우 수전 데이는 『레드북』과 진행한 인터뷰에서, 그가 임신했던 1977년에 겪은 한 가지 일화를 소개한다. 당시 데이는 자신의 소변을 검사한 실험실에 전화를 걸었다. 임신 여부를 직접 확인하고 싶은 마음에서였다. 하지만 그 실험실에서는 데이의 검사 결과를 오로지 데이의 주치의에게만 통보할 수 있다고 전했다.[6] 의료계의 이 같은 가부장적 문화로 인해 여성의 임신검사에 관한 서사는 주로 남성인 의사들에 의해 좌우되었다. 1978년 이전에는 의사의 도움 없이 임신 여부를 확인하기가 아주 불가능하진 않았다고 해도 상당히 어려운 것이 사실이었다. 또한 임신중지가 합법화되기 이전에는 여성이 아기를 낳겠다는 작정도 없이 임신검사를 요청할 경우 의사가 검사 자체를 거부하는 일도 부지기수였다. 미국 의사들은 임신검사를 시행할 권한을 엄격히 통제했고, 임신을 확진하려면 실험실 임신검사를 거쳐야 한다는 인식이 공고해지자 그러한 경향은 더욱더 심화되었다.

여러모로 이 시대의 여성들은 재생산 관련 지식을 통제할 권리가 미미했다. 이런 식의 검사에 필요한 동물을 매일 유지하고 관리하는 사람이 접하는 풍경에 대해서는 더더군다나 아는 바가 거의 없었다. 1945년에 출간된 리처드 라이트의 회고록 『검은 소년』은 임신검사의 뒷면을 보여주는 몇

안 되는 사례다.[7] 1930년대에 라이트는 주로 백인을 치료하는 시카고의 한 대형 병원 지하 실험실에서 근무하게 되었다. 그곳에서 실험동물들의 먹이를 주고 우리를 청소하면서 자연스레 호기심이 생긴 라이트는 어느 의사에게 임신검사가 진행되는 절차를 물어보았다. 의사는 그의 질문을 단박에 물리쳤다. 흑인 잡역부의 머리로 이해하기에는 내용이 무척 난해하다고 여겨서였다. 하지만 훗날 라이트는 그 검사에서 자신의 역할이 얼마나 중요했는지를 얼떨결에 입증해낸다. 어느 날 그 실험실에서 일하던 또다른 흑인 남성 두 명 사이에 벌어진 다툼이 그 발단이었다. 언쟁은 이내 몸싸움으로 번졌고, 급기야 실험동물 우리를 와르르 넘어뜨리는 지경에 이르렀다. 각 우리에는 토끼를 비롯해 의사들이 검사 및 실험에 사용하는 다양한 동물이 수용되어 있었다. 그 소동으로 많은 동물이 우리를 빠져나왔고 찌부러지기도 했다. 라이트와 동료들은 이 난리법석이 자신들의 실직으로 귀결되리라는 사실을 퍼뜩 깨달았다. 그들은 쓰러진 우리들을 바로 세운 다음 최선을 다해 동물들을 원위치로 돌려놓았다. 하지만 경우에 따라서는 토끼들을 원래 살던 우리에 복귀시킬 수 없었고, 동물들이 어디론가 감쪽같이 사라져버리기도 했다. 고로 그들은 아직 검사에 사용되지 않은 동물들을 잡아서 아무 우리에나 되는대로 쑤셔넣었다. 비록 검사의 진행 절차에 대한 설명은 한 번도 들은 바가 없었지만, 그 순간 라이트는 자신이 방금 왜곡한 것이 다름아니라 의사들과 그들에게 임신검사를 받은 환자들이 기다리고 있던 결과였음을 알아차렸다.

라이트의 깨달음은 틀리지 않았다. 문제의 임신검사에는 여성의 몸속에서 일어나는 일들을 당사자인 여성보다 의사가 먼저 파악하도록 해준다는 점에서 일종의 가부장적인 권력이 내재돼 있었고, 바로 그 힘을 라이트는 의도치 않게 훼손한 참이었다. 임신검사는 의사에게 가히 신급의 권력을 부여했을 뿐 아니라 임신을 최종적으로 진단하고 나아가 임신 시점을 규명하는 방식으로 자리매김한 상태였다. 그 권력의 기저에는 동물에 대한 학대, 또한 그 동물들을 매일 보살피는 노동자, 이 경우에는 흑인 노동자에 대한 학대가 잠재하고 있었다. 라이트는 감독관인 의사에게 사고에 대해 털어놓을까도 생각했지만, 그랬다가는 자신은 물론 동료들의 일자리까지 날아갈 판이었다. 상사는 라이트를 인간이 아니라 "그들이 돌보는 동물들과 가까운 부류"로 보았다. 백인 남성 위주의 문화는 의사에게 다른 부류의 사람들을 통제할 지식과 권력을 부여했고, 그 안에서 라이트는 실험동물과 다를 바 없는 도구에 불과했다. 임신검사는 사람들의 삶과 관련된 서사를 빚는 수많은 도구 가운데 하나일 뿐이었다. 그런데 사람들이 간절히 원하는 정보를 전달하는 역할이 오로지 의사에게 집중된 환경에서는 의사들이 그 삶의 행로에 비대한 영향력을 행사할 수밖에 없었다. 사람들은 그 지식을 요청하는 것도 모자라, 때로는 간청까지 불사해야 했다. 어찌 보면 가정용 임신테스트기는 이러한 권력관계를 얼마간 전복했다. 하지만 다른 시각에서 보자면, 의사들에게 집중된 지식 획득의 권한을 일부나마 소비자에게 돌려주었을 따름이었다.[8]

6. 아름답고 젊은 여성의 고뇌

1997년에 클리어블루는 임신검사에 잠재하는 불안감을 강조한 15초짜리 흑백 광고를 내놓았다. 째깍거리는 시계 이미지가 화면을 가득 채우자, 초침 돌아가는 소리를 배경으로 여성 내레이터의 음성이 깔린다. "당신의 임신 여부를 확인하기 위해 기다리는 이 시간, 세상의 다른 그 무엇도 중요하지 않습니다." 시계 앞면의 숫자들은 순서대로 번갈아가며 "임신이다"와 "아니다", 그러니까 임신테스트기에서 나올 수 있는 두 가지 대답으로 대체된다.[1] 광고는 시청자의 머릿속에 혼란을 불러일으키는 동시에, 임신검사 중 여성이 느끼는 감정의 핵심을 훌륭히 포착해낸다. 검사 결과를 눈으로 확인하는 데 걸리는 잠깐의 시간 동안 여성은 오로지 임신테스트기에 신경을 곤두세울 수밖에 없다. 한편 문제의 임신테스트기 광고를 연출한 인물은 다소 뜻밖에도 인기 텔레비전 드라마 〈트윈 픽스〉의 감독으로 유명한 데이비드 린치다. 기실 그 광고가 불러일으키는 모든 혼란은 린치 작품 특유의 감성을 오롯이 드러낸다.

〈뉴욕 타임스〉의 한 기사에서, 린치는 임신테스트기 광고 제의가 들어왔을 때 지체 없이 뛰어들었다고 말했다. 처음에 그가 밝힌 이유는 "과감하고 단순한 콘셉트가 마음에 들었기" 때문이었다. 하지만 지근거리에서 해당 프로젝트를 함께 수행한 여성 카피라이터의 견해는 사뭇 달랐다. "린치 감독님, 감독님이 이 광고에 끌린 이유는 아름답고 젊은 여성의 심리적 고뇌를 다루고 있기 때문이에요." 린치는 그의 지적이 사실이라고 인정하면서 촬영 당시의 일화를 하나 들려주었다. 감독은 촬영장에 있던 어느 임신한 여성에게 임신테스트기의 사용을 요청했다. 그리고 광고에 출연한 여성에게도 같은 부탁을 했는데, 이후 그 배우가 사용한 임신테스트기를 예의 그 임신부가 사용한 것과 바꿔치기할 심산이었다. 린치는 임신테스트기에서 예기치 않게 양성이라는 결과를 맞닥뜨렸을 때 여성이 보이는 반응을 영상에 담고 싶었다. 그는 이 아름답고 젊은 여성이 심리적으로 고뇌하기를 간절히 바랐다. 그 배우는 카메라가 돌아가는 동안에는 용케 냉정을 유지하는가 싶더니, 카메라가 꺼지자 마치 기다렸다는 듯 고함을 내질렀다. "나쁜 자식! 이게 재밌어?"[2]

그 시절 린치의 임신테스트기 광고가 색다르게 다가왔던 이유는 이전의 광고들은 대부분 임신을 원하는 여성을 표적 소비자로 삼아왔다는 데 있었다. 그와 달리 린치의 광고는 임신테스트기 검사 결과를 마주한 여성의 정서 반응을 모호하게 남겨두었다. 린치의 광고는 임신테스트기를 초조하게 들여다보는 아름답고 젊은 백인 여성의 얼굴을 비추는 장면으로 마무리된다. 이내 여성의 얼굴에는 미소가 번진다. 누가 봐도 검사 결과에 안도하는 표정이지만, 시청자는 그가 안도하는 정확한 이유를 알 수 없다. 결과는 양성일까 음성일까? 광고는 답을 일러주지 않는다. 그보다는 임신테스트기가 주로 불러일으키는 감정, 그러니까 최대한 빨리 알고자 하는 욕구와 그 욕구에 깃든 서스펜스를 포착하는 작업에 주력한다. 클리어블루는 잠재적 소비자에게 검사 결과를 단 1분 만에 제공할 수 있었고, 이는 당시 시판되던 임신테스트기 중 가장 빠른 것이었다. 문제의 광고가 방영된 1997년 무렵 클리어블루는 오늘날 우리가 익히 아는 대중적 물품으로 자리매김하는 과정을 착실히 밟고 있었다. 당시에 이미 그 임신테스트기는 우리와 임신의 관계에 변화를 일으키고 있었다. 또한 이후로도 꾸준히 우리와 우리의 재생산하는 몸의 관계에 일대 변화를 일으킬 터였다.

가정용 임신테스트기 광고

1980년대 말부터 1990년대 초까지의 임신테스트기 광고 가운데 이른 시기에 방영된 것들은 대부분 결혼했거나 짝 있는 여성들의 마음을 살 목적으로 남성 출연진을 등장시켰다. 그 시절 임신테스트기 광고에는 여성이 임신 소식을 알리면 남편이 행복해하는 장면이 전형적으로 등장하고는 했다.[3] 1990년에 방영된 또다른 EPT 광고에는 오로지 남성 배우들만이 등장한다. 보아하니 그들은 배우자의 임신검사 결과가 양성이라는 소식을 전해 들은 듯하다. 남성들은 하나같이 임신 소식에 기뻐한다. 저마다 기쁨을 표현하는 방식은 놀람과 말없음, 서투름 사이를 오간다. 해당 광고 속 여성 내레이터는 그 새로운 EPT 임신테스트기가 "중대한 소식을 접하는 더 빠르고 쉬운 방법"이라고 시청자들에게 이야기한다.[4] 이 설명에는 광고 속 남성들이 문제의 중대한 소식을 각자 아내로부터 전해들었고, 임신테스트기 검사에서 나온 양성 결과는 곧 반가운 소식이라는 의미가 내포되어 있다.

1986년의 또다른 EPT 광고에는 공중전화 박스를 가로막는 남성이 등장한다. 그는 아내의 전화를 기다리는 중이다. 좀 전에 아내는 가정용 임신테스트기로 임신검사를 했고, 결과는 약 10분 뒤에 나올 것이다. 대망의 순간이 2분쯤 남았을 무렵, 어느새 남자 주위로는 공중전화를 쓰려는 사람들이 옹기종기 모여 서 있다. 마침내 전화벨이 울리고 광고에서는 그 결과를 일러주지 않지만, 남성이 원하는 결과가 양성이라는 것만은 보는 사람 누구나 짐작할 수 있다.[5] 1990년대 초에 출시된 다른 여러 상업광고에서는 반드시 남성이 등장하지는 않더라도, 대체로 자사 제품의 검사 방식이 결과를 얻는 데 상대적으로 더 용이하다는 점을 강조한다. 어떤 제품은 딥스틱 검사를 위해 소변을 한 컵씩이나 수집할 필요성을 없앴고, 어떤 제품은 사용이나 판독의 어려움을 개선했다.[6] 이렇듯 각 광고가 강조하는 부분은 저마다 달랐지만 한 가지 공통점이 있었다. 요컨대 그 광고들은 임신 발표가 마치 한 쌍의 남녀가 가정용 임신테스트기라는 상품을 매개로 벌이는 이벤트처럼 보이게 만들었다.

1994년에 EPT는 광고에 배우가 아닌 일반인을 출연시키기 시작했다. 실제 커플이 검사 결과를 기다리는 모습을 보여주려는 의도였다. 또한 출연진을 다양화해 검사를 갓 마친 흑인 커플이나 이인종 커플을 등장시키기도 했다. 일례로 한 상업광고에서는 어느 흑인 부부가 아이를 원하는 간절한 심정을 털어놓는다. 그때 화면 밖의 누군가가 여성에게 테스트기를 건넨다. 여성은 남편에게 들뜬 모습으로 이야기한다. "임신이야." 둘은 서로 포옹하고, 남편은 아내의 배를 어루만지며 카메라를 향해 이렇게 말한다. "역시, 그럴 것 같더라니까."[7] 이 광고의 다른 편에서는 백인 부부가 자신들이 임신검사를 하는 이유에 대해 이야기한다. 여성이 카메라를 보며 말한다. "제 몸을 보면 임신이 맞는 것 같지만, 참 알다가도 모를 게 여자 몸이잖아요." 이어서 남편이 말을 보탠다. 이제 자신들도 아이를 갖기에 적당한 나이가 됐고 본인은 준비를 마쳤다는 것이다. 그러자 이번엔 아내가 불쑥 끼어든다. "난 언제나 준비가 돼 있었다고요." 그때 화면 밖의 누군가가 임신테스트기를 건낸다. 아내는 아연한 표정으로 테스트기를 물끄러미 바라보더니 이내 남편에게 말한다. "음성이네." 남편은 아내의 어깨를 쓰다듬으며 "괜찮아"라고 말한다. 아내는 애써 눈물을 참아보지만 두 눈에 어린 물기가 그의 실망감을 역력히 드러낸다. 광고 말미에 남편은 이렇게 말한다. "우린 계속 노력할 겁니다."[8]

비록 결말이 서로 다르긴 해도, 임신검사가 일순간 부부를 하나로 결속시키며 일으키는 자연스럽고도 극적인 긴장감을 강조한다는 점에서만큼은 두 광고가 서로 다르지 않다. 이들 광고는 임신(혹은 비임신) 진단 결과가 공유되는 방식에 관한 모범적 일화를 제시하는 한편, 그 과정에서 가정용 임신테스트기에 핵심적 역할을 부여한다. 두 이야기 모두 부부 중 한 사람은 임신이 맞다고 추측했지만, 그 추측이 언제나 들어맞지는 않았다. 오로지 가정용 임신테스트기만이 광고 속 두 여성의 존재론적인 상태를 확인해줄 수 있었고, 이로써 그 검사 도구는 그들의 재생산 생활에서 지대한 중요성을 갖게 되었다.

월경을 거르기 엿새 전

비교적 최근에는 가정용 임신테스트기를 화두로 온라인 불임 토론장에 관련 커뮤니티가 조성되었다. 이들 토론장은 이른바 "2주의 기다림"이라는 문구를 대중화하는 데 일조했는데, 여기서 2주란 배란 후 혹은 병원에서 자궁 내 정액 주입이나 체외수정 시술을 받은 후 임신검사를 하기까지 권장되는 대기 기간을 가리킨다. 굳이 2주를 기다리는 이유는 주머니배가 형성되고 자궁에 착상해 임신검사 시 측정되기에 충분한 양의 hCG를 분비하는 데 걸리는 시간이 대략 그쯤이기 때문이다. 일부 임신테스트기의 경우 월경을 거르기 6일 전부터 임신을 조기에 (신뢰도는 다소 떨어지지만) 진단할 수 있기 때문에, 개중에는 배란일 혹은 정액 주입을 한 날에서 불과 8일 뒤 임신검사를 단행하는 이들도 있다. 임신과 관련된 온갖 주제를 다루는 온라인 토론장 '범프'에서 가장 많은 댓글과 조회수를 기록한 타래 글의 제목은 이것이다. "검사 결과가 양성일 때 임신테스트기는 실제로 어떤 모습인가요???" 이 논제의 답글 수는 1725개이고 조회 수는 69만 5283회에 달한다.[9] 이 토론장의 첫 번째 게시글은 2014년 1월에 BumpJakie라는 작성자가 올린 것으로, 그 글에는 독자들에게 각자의 임신테스트기에 나타난 결과를 공유해달라는 요청이 담겼다.

임신테스트기 검사 결과를 판독하는 일이 누군가에겐 어려울 수도 있습니다. 임신인지 임신이 아닌지…가 선으로 나타날까요? 결과가 양성일 때 임신테스트기는 **지이이인짜** 어떤 모습인가요? 다른 사람들이 자신의 검사 결과를 제대로 읽을 수 있도록 도와주세요.

여러분은 여러분의 검사 결과가 양성이라는 걸 어떻게 알았나요? 여러분이 사용한 브랜드는 무엇인가요? 임신테스트기 사진을 이곳에 올리거나 이메일(photos@thebump.com)로 보내주세요.

이에 대한 화답으로 여성들은 임신테스트기 이미지를 수백 장씩 공유하면서 각자 선호하는 브랜드를 추천하는가 하면, 두번째 줄이 희미하게 나타났을 때 그것이 무엇을 의미하는지에 대해 이야기한다. 이런 식의 토론장에서는 거의 대부분 임신검사와 관련된 나름의 공용어가 만들어지곤 한다. 예컨대 퍼스트리스폰스First Response나 얼리리절트Early Result 임신테스트기는 주로 FRER이라는 약어로 표기되고, 검사 날짜에 대한 약어는 검사가 배란 며칠 후에 시행되었는지를 알아볼 수 있게끔 표기된다. 이를테면 8DPO_{eight days post-ovulation}는 배란일로부터 8일 후라는 뜻이다. 일부 여성들은 하루하루 지날수록 두번째 줄이 더 짙어지는 양상을 보여주려고 임신테스트기 사진을 여러 장씩 올리기도 한다. 임신테스트기를 유독 많이 사용한 madfam0405라는 여성은, 그 이유에 대해 "화학적 유산 두 번 이후! 조금은 강박이 발동"했기 때문이라고 밝혔다. 어떤 여성들은 두번째 줄이 희미하게 보이는 임신테스트기 사진을 올리며 그 결과를 임신이라고 해석해도 괜찮은지 다른 토론자들에게 묻는다. 그런가 하면 양성 결과가 나온 임신테스트기 사진을 올리며 두번째 줄이 더 짙어지지 않아도 괜찮은지 묻는 여성들도 있다.

한 여성은 검사 결과가 양성으로 나타난 임신테스트기 사진과 더불어 이런 글을 올렸다. "슬프게도 이 행복은 나쁜 소식으로 끝이 났습니다. 고사난자라는 진단을 받았거든요. 전 아직도 뭐가 뭔지 모르겠어요. 어떻게 우리 몸은 아기가 없는데도 임신한 걸로 착각할 수 있죠?" 고사난자는 초기 배아가 발달을 멈추었는데도 태아주머니(임신낭)가 빈 상태로 계속 존재하는 경우를 일컫는다. 유산이 발생하기 전까지는 태반이 계속 성장하는데다 hCG는 태아가 아닌 태반에서 분비되는 까닭에 임신테스트기 검사에서는 hCG 농도의 상승으로 인해 결과가 양성으로 나타나는 것이다. Bizliz35라는 작성자 역시 고사난자 진단을 받았던 경험을 공유하면서, 그 일을 계기로 임신테스트기가 비단 태아의 생존이 가능한 임신만을 검사하는 도구는 아니란 사실을 깨달았다고 적었다. 다시 말해 임신테스트기는 단지 hCG의 분비 여부만을 검사하는 도구라는 얘기다. 이러한 온라인 토론장은 여성들이 서로를 지지하는 한편, 시중에서 단순하고 쉽게 읽힌다고 광고되지만 실제로는 다양한 방식으로 해석될 수 있을뿐더러 결과가 모호할수록 그런 경향이 더욱 심해지는 특정 기술을 더 잘 이해하도록 서로를 돕는 방편으로 자리매김했다.

미국 대중에게 소개된 이래로 가정용 임신테스트기의 이 같은 모호성은 강력한 마케팅의 그늘에 가려 쉬이 눈에 띄지 않았다. 내가 사는 뉴욕 퀸스의 동네 약국에서 유명 상표를 달고 판매되는 이런저런 제품들은 저마다 검사 결과를 더 빠르게, 더 정확하게, 더 분명하게 알려주는 독자적인 방식을 갖췄다고 강조한다. 미국의 선도적 브랜드 중 하나인 퍼스트리스폰스는 결과를 단 1분 안에 99퍼센트의 정확도로 알려줄 수 있다는 것을 강점으로 내세운다. 또한 퍼스트리스폰스의 디지털판은 한 줄 혹은 두 줄의 표시선에 더하여 '양성[Yes] +' 혹은 '음성[No] -' 같은 디지털 문자로도 검사 결과를 보여준다. 그뿐만 아니라 월경을 거르기 6일 전이라는 상당히 이른 시기에도 검사 결과를 제공할 수 있다. 하지만 포장에 적힌 깨알 같은 글씨들을 꼼꼼히 읽어보면, 그 임신테스트기는 "월경을 거른 당일"에 한해서만 99퍼센트의 정확도를 보인다. 클리어블루도 사정이 별반 다르지 않다. "월경을 거르기 6일 전부터 결과를 알려드립니다"라는 광고성 문구가 커다란 활자체로 포장에 찍혀 있지만, 이 역시 깨알 같은 글씨로 적힌 경고문에 따르면 월경을 거른 첫날에만 그 정확도가 99퍼센트보다 높다고 하니 말이다.

한데 임신 확인이 가능한 그 6일 전 대체 여성의 몸에서는 어떤 일이 일어나는 것일까? 기실 따지고 보면 임신 자체는 수정란이 착상을 위해 자궁벽에 파고드는 순간을 기점으로 시작된다. 여기까지 걸리는 시간은 수정된 날부터 3일 내지 4일이다. 수정란이 자궁으로 이동해 착상이 완료되기까지의 과정은 순탄하지 않으며, 짧게는 8에서 길게는 12일까지 걸릴 수도 있다. 전체 수정란 가운데 절반 정도가 불완전한 착상 혹은 착상 실패로 인해 월경중에 자궁 밖으로 배출된다. 고로 월경이 시작되기 6일 전 여성의 몸속에서는 주머니배가 착상을 마치고 배아가 되는 과정을 시작했을 수도 있지만, 수정란이 아직 착상을 완전히 끝마치지는 못했을 수도 있다. 그런데 태반은 착상이 완료된 이후에야 hCG를 분비하기 시작하므로, 전자의 경우 가정용 임신테스트기로 검사한 결과는 양성일 것이다. 반면 후자의 경우에는 임신테스트기에 hCG가 검출되지 않기 때문에 설령 그다음날 바로 착상이 이뤄지더라도 검사 결과는 음성일 것이다.

이렇듯 다양한 시나리오를 고려해볼 때, 임신테스트기로 확인한 결과는 그것이 음성이든 양성이든 틀렸을 가능성이 있다. 제품 포장에 적힌 낙관적 약속이 무색하게도, 검사 시기가 너무 이르면 거짓음성 결과가 나올 수도 있고, 극초기 임신이 진전 없이 이른바 화학적/생화학적 임신으로 끝나면 거짓양성 결과가 나올 수도 있다는 얘기다. 후자의 경우 보통은 유전자 이상 때문에 주머니배가 착상을 시작했다가도 금세 중단해버린다. 통상 월경은 지연되지 않으며, 사람에 따라 해당 생리주기에 출혈량이 살짝 과다해질 가능성은 있다. 일부 연구 결과에 의하면, 전체 임신의 8~33퍼센트 정도가 그런 유의 결말을 맞는다.[10]

  한데 그와 같은 상태를 임신이라고 일컫는 게 과연 타당할까? 이 거짓말처럼 민감한 가정용 임신테스트기가 발명되기 전에는, 설령 주머니배가 형성되었다가 완전한 착상에 실패하는 바람에 임신이 유지되지 않아도 그 사실을 우리가 인지할 방법이 전혀 없었다. 가정용 임신테스트기는 화학적 임신이라는 새로운 범주를 만들어냈고, 그로 인한 일차적 충격은 임신을 간절히 원하는 여성들이 떠안게 되었다. (그런 여성들이 아니고서야 굳이 누가 월경을 거르기 6일 전부터 임신테스트기를 써가며 임신검사를 해보겠는가?) 화학적 임신이 석연치 않은 이유는 비단 그뿐만이 아니다. 이를테면 애초에 여성이 자신의 임신 사실을 몰랐다고 가정해보자. 과연 그때도 화학적 임신의 종결을 유산이라고 말할 수 있을까?[11] 대부분의 가정용 임신테스트기는 99퍼센트보다 높은 정확도를 강점으로 내세운다. 그러나 따지고 보면 극초기 임신과 관련해서는 미덥지 않은 성능을 보인다. 데이비드 린치의 광고에서와 달리, 임신테스트기가 내놓는 답은 단순히 '임신이다' 혹은 '아니다'로 한정되지 않는다. 요컨대 모호하게 임신한 사례도 얼마든지 존재할 수 있다는 얘기다.

임신테스트기 가운데 퍼스트리스폰스나 클리어블루처럼 대중적이고도 유명한 브랜드의 제품은 가격이 15~25달러로 결코 저렴하지 않다. 특히 임신검사를 여러 번 하려고 계획중인 사람에게는 상당히 부담스러운 가격일 것이다. 그래도 이제는 염가판매점과 약국 및 온라인 상점에서 저가의 임신테스트기를 묶음으로 판매하고 있을뿐더러 한 묶음이 열 개 이상으로 구성된 제품도 그리 어렵지 않게 찾아볼 수 있다. 이들 저가의 테스트기는 고가의 제품군과 동일한 기술을 사용하는 데다, FDA 보고서에 따르면 정확도 역시 고급품에 뒤지지 않는다. 다만 민감도는 다소 떨어질 수 있어서 월경을 거르기 전에는 사용하지 않을 것이 권장된다.[12] 어쨌든 이런 저가 제품들 덕분에 가정용 임신테스트기는 이전 어느 때보다 구입이 용이해졌고, 아울러 임신을 염원하는 여성이 동일한 생리 주기에 임신테스트기를 여러 개씩 사용하는 일도 가능해졌다. 하지만 이는 여성들이 점점 더 이른 시기에 임신검사를 시행하는 상황을 초래

하기도 했다. 하필 검사 결과가 모호하거나 안타까운 결말로 이어질 가능성이 비교적 높은 시기에 말이다. 임신테스트기와 관련된 마케팅에 임신 여부를 확인하고자 하는 여성의 욕구를 이용하는 데는 다 그럴 만한 이유가 있다. 하지만 그로 인해 일부 여성들에게는 임신테스트기가 집착의 대상, 더나아가 심리적 고문 도구가 되어버렸다. 그 과정에서 임신테스트기는 임신이 언제 시작되고 배아 형성이 불확실한 초기에 임신이 어떤 의미를 갖는지에 대한 우리의 인식을 교묘히 바꿔놓았다.

7. 임신테스트기 없이는 임신도 없다

가정용 임신테스트기의 발전은 검사 결과 기다리기라는 극적 사건의 주도권을 여성에게로 옮겨놓았다. 임신검사는 개인의 사적인 경험이자 구매 가능한 경험이 되었다. 그러므로 1980년대 말엽 텔레비전 드라마에서 임신테스트기가 임신을 고지하는 일상적 도구로 등장하기 시작한 것은 어찌 보면 당연한 수순이었다. 임신 발표는 텔레비전 드라마에 흥미를 불어넣었다. 1988년의 두 인기 드라마 〈가이딩 라이트〉와 〈애즈 더 월드 턴즈〉에는 등장인물이 임신테스트기를 사용하는 장면이 나온다. 또한 앞서 논했다시피, 1991년 시트콤 〈머피 브라운〉에도 임신테스트기 관련 에피소드가 포함돼 있다. 2007년 영화 〈사고친 후에〉에도 비슷한 장면이 등장하는데, 영화는 비단 임신테스트기가 지니는 극적인 가치만이 아니라 희극적인 울림까지 부각한다. 극중 여자 주인공은 자신의 임신 여부를 확인할 목적으로 임신테스트기를 열 개도 넘게 구입한다. 과장이 아니라 오늘날에는 텔레비전이나 영화에서 임신을 다룰 때면 가정용 임신테스트기가 필수적으로 등장한다. 워낙 보편적이다보니 살면서 가정용 임신테스트기를 사용해본 적 없는 사람도 그것이 무엇인지는 알아볼 수 있을 정도다.

〈왈가닥 루시〉에서 텔레비전 드라마 사상 최초로 임신 발표 장면이 방영된 것을 계기로, 방송 제작자들은 등장인물의 임신만큼이나 확실한 시청률 보증수표는 드물다는 사실을 알아차렸다. 가정용 임신테스트기의 발명 덕분에 시청자들은 등장인물이 임신 여부를 확인하는 과정을 실시간으로 지켜볼 수 있게 되었다. 가정용 임신테스트기는 임신 당사자가 아닌 이상은 십중팔구 관여할 수 없었을 타인의 내밀한 순간을 엿볼 창을 마련해주었다. 그뿐만 아니라 이제 텔레비전 드라마에서는 등장인물의 임신 시점을 이전 그 어느 때보다 일찍 시청자에게 일러줄 수 있게 되었고, 그로써 임신과 관련된 줄거리를 훨씬 더 많은 회차에 걸쳐 다룰 수도 있게 되었다. 요컨대 텔레비전 드라마 제작자들의 손안에서 가정용 임신테스트기는 자본주의적 도구이자 오락용 상품이 되었다.

21세기에는 소셜미디어가 임신테스트기를 한층 더 부각시켰다. 어쩌면 임신테스트기의 보편화에는 대중적 앱 틱톡이 일정 부분 역할을 담당했는지도 모른다. 알다시피 틱톡은 사용자들이 짤막한 영상을 게재하는 플랫폼이다. 2020년 틱톡에서는 (실제가 아닌) 가상으로 사용자의 임신 여부를 판별하는 '임신테스트기 필터'가 출시되었다. 사이트의 사용자들은 막대형 임신테스트기처럼 생긴 필터를 화면에 적용하여 극적인 영상을 제작했고, 뷰어들은 화면 속 임신테스트기가 각 사용자에게 결과를 일러주길 기다리며 영상을 지켜보았다.[1] 그 필터는 임신테스트기가 촉발하는 흥분과 아드레날린 분비를 십분 활용하고 있었다.

그보다 진지한 예로는 인스타그램에 #pregnancytest 등등의 해시태그를 달고 올라오는 수천 개의 게시물이 있다. 사용자들은 해당 해시태그와 더불어 자신들의 임신테스트기 검사 결과를 대중과 공유한다. 대부분은 친숙한 두 줄로 양성 결과가 표시된 임신테스트기 사진들을 게시하지만, 더러는 소변 내 hCG 농도가 나날이 배가되면서 두번째 줄이 점점 더 선명해지는 일련의 임신테스트기 사진들을 게시하기도 한다. 때로는 자신의 난임 치료 과정을 인스타그램에서 공개하던 여성이 마침내 오랜 기다림의 결실을 맺었다며 양성 결과가 표시된 테스트기 사진을 포스팅하기도 하고, 때로는 임신테스트기상에서 결과가 양성이더라도 그게 반드시 8개월 뒤의 출생으로 귀결되진 않는다는 사실을 알게 된 여성이 관련 정보를 공유하기도 한다. 개중에는 간혹 결과가 음성으로 나온 임신테스트기 사진을 인스타그램에 올리는 여성들도 눈에 띄는데, 그런 경향은 시험관아기 시술과 같은 보조 재생산 기술 경험을 공유할 목적으로 생성된 계정에서 특히 더 두드러진다. 인터넷에 떠도는 이런저런 글에서는 여성이 자신의 소변으로 적신 테스트기에 관한 게시물을 소셜미디어에 공유하는 행위를 "점잖지" 못하다거나 너무 사적인 정보라거나 유산의 위험을 고려할 때 임신을 발표하기에는 너무 이르다는 이유를 들어 만류하는 분위기가 팽배하다. 하지만 임신테스트기를 생산하는 여러 대기업에서 소정의 대가를 받고 제품 홍보에 나서는 인플루언서와 유명인 들은 가정용 임신테스트기 검사 결과를 사진이나 영상으로 게시하는 행위를 어느새 자연스러운 문화로 정착시켰다.[2] 마침 이러한 문제를 다룬 〈뉴욕 타임스〉 기사의 부제를 빌리자면, "콘텐츠는 수태와 더불어 시작된다."[3] 그리고 장담하건대, 수태 고지에 임신테스트기보다 더 적합한 도구는 없다. 21세기에는 임신테스트기 없는 임신의 시작을 상상하기 어렵다.

로맨틱코미디 속 한 장면처럼

이제 임신테스트기는 마치 〈모나리자〉처럼 복제품도 많고 어디서나 쉽게 눈에 띄는 존재가 되었지만, 중대사건의 기표로서 지니는 가치는 오늘날까지 퇴색되지 않았다. 임신테스트기는 희극성과 상업성을 넘나드는 와중에도 우리가 그것을 얼마나 자주 접하고 얼마나 많이 사용하건 간에 여전히 정서적으로 제법 묵직한 무게를 실어나른다. 가령 2021년에 출간된 에밀리 랩 블랙의 『안식처』를 보자. 블랙이 첫 아이의 죽음을 겪은 여성으로서 임신과 양육을 주제로 집필한 그 회고록은 우리로 하여금 임신테스트기가 지니는 특별한 의미를 새삼 깨닫게 한다.[4] 『안식처』의 5장은 임신을 갈망하는 사람 누구에게나 친숙할 법한 임신검사에 관한 이야기로 시작된다. 블랙은 동트기 전에 잠에서 깨어났다. 검사 결과를 초기에 알고 싶다면 아침 첫 소변을 사용하라는, 모든 가정용 임신테스트기 제조사의 권고를 따르기 위해서였다. 남편이 아직 잠들어 있는 사이 블랙은 총 네 번의 임신검사를 실시했고, 결과는 전부 양성이었다. 앞선 세 번의 검사에 이어 네번째 검사에서도 같은 결과가 나오자, 블랙은 남편을 깨워 임신테스트기를 건네며 마치 "로맨틱코미디의 한 장면" 같다고 농담처럼 가볍게 말했다.

하지만 실상은 그리 가볍지 않았다. 그 장면에는 비극적으로 첫 아이를 잃고 그 아이의 아버지와 이혼한 뒤 40대 초반이 되어서야 비로소 수차례의 난임 치료 끝에 다시 임신할 수 있다는 희망을 얻은 한 여성의 인생이 녹아 있었다. 양성이라는 결과가 표시된 임신테스트기는 그 모든 정서적 응어리 이상의 무엇을 실어나른다. 임신테스트기에서 코미디라는 얇은 외피를 걷어내면, 그 안에서는 삶과 죽음의 심오한 드라마가 모습을 드러낸다. 욕실에 홀로 앉아서 첫번째 줄에 뒤이어 두번째 줄이 나타나길 기다리는 동안, 블랙은 죽은 첫 아들이 테이삭스병이라는 치명적 질환을 진단받은 순간부터 자신이 아이를 하나 더 갖게 되길 얼마나 원해왔는지 머릿속으로 다시금 떠올렸다. 모든 것은 이 임신테스트기에 달려 있었다. 웃음기라곤 없었다. 블랙의 떨리는 손은 그가 처한 상황의 무게를 고스란히 드러내고 있었다.

블랙은 의사를 찾아갔다. 얼른 의사가 임신이라고 확인해주지 않으면 지난 네 번의 양성 결과가 환상처럼 사라져버릴 것만 같았다. 얄궂게도 의사는 초음파 영상에서 심장박동이 탐지되지 않는다는 이유로 임신 판정이 "불가"하다고 일축했다. 블랙은 비탄에 잠겼다. 친구 엘리자베스는 그를 다독이며 이런 말을 했다. "내가 봤을 땐 임신이 확실해. 요즘 임테기가 얼마나 정확한데!" 물론 임신테스트기는 굉장히 정확하다. 다만 임신이 불안정한 시기에 제대로 된 정보를 제공하지 못할 뿐이다. 한편 블랙에게 이름조차 묻지 않았고, 그가 테이삭스병 유전자를 가졌으니 "틀림없이 유대인"일 거라고 (사실과 다르게) 단언했으며, 초음파 영상에서 태아 극은 보이지만 심장이 뛰지 않는다는 진단 결과를 냉담하게 전하던 그 오만한 의사 역시 결국은 제대로 된 정보를 제공하지 못한 것으로 밝혀졌다. 일주일 뒤 블랙이 남편을 데리고 같은 난임 병원을 재차 방문했을 때는 그보다 친절한 의사가 "양호하고 강한" 심장박동이 탐지된다는 검사 결과를 기쁘게 전해주었으니까 말이다. 8개월 뒤 블랙은 딸을 낳았다. 임신테스트기는 무결하지 않다. 의사들도 무결하지 않기는 매한가지다. 때로는 너무 이른 임신검사가 임신의 시간적 사실관계를 왜곡하기도 한다.

자, 이쯤에서 난임을 주제로 다룬 드라마 한 편을 더 들여다보자. 아지즈 안사리의 〈마스터 오브 제로〉가운데 세번째 시즌 '사랑의 순간들'은 데니즈와 얼리샤의 관계를 중심으로 이야기가 흘러간다. 2021년 봄에 처음으로 방영된 그 시즌은 흑인 레즈비언 여성이 임신하기 위해 홀로 분투하는 과정을 면밀히 묘사함으로써 세간의 주목을 받았다.[5] 첫 에피소드에서 얼리샤는 데니즈를 설득해 집에서 친구의 정자로 인공 정액 주입을 시도하기로 한다. 처음에는 모든 일이 놀라우리만큼 계획대로 착착 진행되는 듯 보인다. 얼리샤의 친구는 선뜻 정자를 기증해주었고, 데니즈는 집에서 얼리샤의 몸에 정액을 솜씨 있게 주입했다. 그 장면은 로맨틱하고도 정교하게 촬영되었다. 곧이어 드라마 속 시간은 2주 뒤로 넘어간다. 그 두려운 시간을 견디고 기다려야만 가정용 임신테스트기 검사에서 정확한 결과를 기대할 수 있다. 화면 속 얼리샤가 욕조 가장자리에 앉아 막대형 임신테스트기를 손에 들고는 초조한 듯 톡톡 두드리면서 검사 결과가 나타날 때를 기다린다. 잠시 후 그는 믿을 수 없다는 듯한 표정을 짓는다. 결과가 양성으로 나온 것이다. 이 장면은 가정용 임신테스트기가 지닌 시각적 위력을 실증한다. 배우들은 그 어떤 대사도 주고받지 않는다. 그럼에도 어느덧 가정용 임신테스트기에 너무나 익숙해진 시청자들은 그 장면에서 얼리샤와 데니즈가 60초 동안 하얀 막대기를 응시하다 곧 기뻐하며 서로를 포옹하는 이유를 간단히 유추할 수 있다. 해당 에피소드의 마지막 10분 동안은 얼리샤가 임신테스트기 검사 결과를 확인하는 순간을 기점으로 대사가 몇 마디 등장하지 않는다. 안사리 감독은 그저 기뻐하는 얼리샤와 유산으로 인한 상실감에 빠진 얼리샤를 차차로 보여줄 뿐이다. 임신테스트기는 분명 정확한 결과를 제시했지만, 양성이라는 결과가 언제나 분만이라는 결말로 이어지진 않는다는 사실을, 그 에피소드는 담담하게 일깨우고 있다.

임신테스트기는 임신의 정서적 기표가 되었다. 블랙의 회고록이 암시하듯 임신테스트기는 상투성과 희극성을 동시에 내포하고 있다. 임신테스트기를 사용할 때면 우리는 영화나 텔레비전 드라마 혹은 소설 속 등장인물이 그 도구를 사용하는 장면을 으레 머릿속에 떠올리고는 한다. 임신을 원하든 원하지 않든, 누군가는 임신테스트기 검사를 일종의 통과의례라고까지 느낄는지도 모른다. 언제부턴가 임신테스트기 검사는 우리에게 별다른 울림을 일으키지 않는 상당히 보편적인 경험이 되었다. 어느덧 우리의 재생산 생활에서 통례적 의식으로 자리매김한 것이다.

8. 임신테스트기와 공상과학

마거릿 애트우드의 소설 『시녀 이야기』가 출간된 1985년에는 가정용 임신테스트기가 미국 약국에 넉넉히 보급되긴 했어도 사회적으로 기꺼이 받아들여지는 분위기는 아니었다. 여하튼 소설의 허구적 디스토피아 배경인 길리어드에서는 여성의 권리, 그중에서도 특히 재생산권이 박탈되면서 가정용 임신테스트기가 모조리 금서들과 함께 장작불 속으로 던져지거나 병의원의 삼엄한 관리를 받게 된다. 하지만 『시녀 이야기』를 각색한 21세기의 텔레비전 드라마 〈핸드메이즈 테일〉에서는 가정용 임신테스트기 한 개가 용케도 살아남았다. 2017년에 최초로 방영된 첫번째 시즌 마지막 에피소드에서 고위 사령관의 아내 세레나 조이는 잔

뚝 화가 난 상태로 시녀 준의 방에 들이닥친다. 그동안 남편이 셋이서 정기적으로 가지던 의무적인 성적 만남 외에도 따로 시간을 내어 준과 놀아나고 있었다는 사실을 이윽고 알아차렸기 때문이다. 이 강압적인 세계에서는 세레나 조이와 그의 남편 워터퍼드 사령관처럼 막강한 권력을 가졌으나 아이가 없는 부부를 위해, 준과 같은 가임 여성에게 대리모 역할을 강제하고 있다.

이 디스토피아의 규칙에 준하여 준과 워터퍼드의 성적 만남은 반드시 세레나가 동석한 가운데 정해진 날짜에 의식처럼 진행되어야 한다. 그러다 아이가 잉태되면 법적 모친은 세레나가 된다. 그런 연유로 세레나는 남편이 규범을 위반하고 준과 단둘이 성관계를 가진 정황을 알아챘을 때, 추측건대 암시장에서 입수한 듯한 임신테스트기를 들고 준에게 다가간다. 그 장면은 가정용 임신테스트기가 시장에서 표방하는 모든 가치를 뒤엎는다. 일반적으로 가정용 임신테스트기는 여성에게 스스로의 재생산 생활에 대한 통제권을 얼마간 부여하고 여성이 자신의 임신(혹은 비임신) 사실을 알게 됐을 때 사생활을 지켜주어야 마땅했지만, 극중에서 세레나는 준에게 임신테스트기를 내밀며 변기에 앉으라고 명령한다. 소변이 명한다고 해서 곧바로 나오는 게 아니라는 준의 하소연에, 세레나는 짐짓 고상한 태도로 그에게 아이처럼 굴지 말라고 이야기한다. 세레나는 준의 모든 움직임을 주시한다. 시청자는 세레나의 시선을 따라가며 느리고도 친숙한 소음을 듣는다. 필시 준의 소변이 임신테스트기 끄트머리의 흡수부를 지나 변기 안으로 떨어지는 소리일 테다. 준이 용무를 마치자 세레나는 문제의 막대형 테스트기를 잡아채더니 옆방으로 자리를 옮겨 혼자서 결과를 기다린다. 세레나가 알려주기로 마음먹지 않는 한, 준으로서는 검사 결과를 알 길이 없다. 또한 시청자의 사정도 그와 별반 다르지 않다. 드라마는 우리를 꼬박 1분 동안 기다리게 한다. 그사이 준은 욕조 위로 몸을 굽힌다. 세레나에게 맞은 상처에서 스미어 나오는 피가 도자기 욕조의 희고도 매끄러운 표면으로 흘러내린다. 세레나는 기도하듯 침실 바닥에 무릎을 꿇는다.

세레나가 구부정한 자세로 막대형 임신테스트기를 초조하게 들여다보는 장면은 검사 결과가 양성으로 나오길 바라며 임신테스트기를 구입해본 경험이 있는 여성들의 공감을 자아내기에 충분하다. 세레나에게 그 임신테스트기가 내놓는 대답은 희망을 표상한다. 어쩌면 그는 아이를 갖지 못하던 지난날의 기나긴 설움을 마침내 씻어낼 수 있을 것이다. 한편으로 그 가정용 임신테스트기는 세레나가 휘두르는 무기이기도 하다. 이윽고 세레나는 욕실로 돌아가 준에게 임신테스트기를 보여준다. 그제야 비로소 시청자 또한 준과 동시에 검사 결과를 확인한다. 파란색 플러스 부호가 화면에 등장한다. 준이 임신한 것이다. 세레나는 환희에 휩싸인다. 준은 비탄에 잠긴다.

20세기 말엽까지만 해도 임신테스트기는 재생산 관련 디스토피아물의 소재가 아니었지만, 요즈음에는 글자 그대로 단골 소재가 되었다. 알라야 돈 존슨의 SF 단편소설 「그들은 유리 씨앗들을 땅에 뿌리리」는 신비한 유리 인간들에 의해 식민지화된 어느 흑인 마을을 배경으로 이야기가 펼쳐진다. 유리 인간들은 결코 흑인들 앞에 몸소 등장하지 않는다. 그 대신 유리로 제작된 로봇을 통해 식민지 주민들의 움직임을 통제한다.[1] 주민들은 죽음을 지척에 두고 산다. 정기적으로 쏟아지는 폭격으로 밭이 파괴된다. 때로는 가족들까지도. 소설의 도입부에서 화자 리비는 여동생의 임신 사실을 알게 된다. 여동생은 자신의 검사 결과가 표시된 임신테스트기를 리비에게 건넨다. 검사 키트는 다분히 공상과학적이다. 고작 한 손만한 도구에 여성의 임신 기간을 확인할 수 있는 계측기가 장착되어 있다. 테스트기의 가장 왼쪽과 가장 오른쪽에는 각각 "비임신"과 "9개월"이라는 글자가 인쇄돼 있고, 그 둘 사이에는 1개월부터 8개월까지를 표시하는 선들이 그려져 있다. 유독 큰 활자로 적힌 글귀는 사용자를 겨냥한 경고문이다. "모든 임부는 막달까지 임신 상태를 유지해야 한다." 유리 인간들은 정기적 폭격으로 화상을 입은 사람들에겐 의료 지원을 해주지 않지만, 임신테스트기를 요청하면 언제든 기꺼이 내어준다. 이 검사 도구를 제공하는 목적은 사람들에게 스스로의 재생산 생활에 대한 통제권을 부여하는 것이 아니다. 그보다는 관련 정보를 수집함으로써 은밀한 임신중지를 미연에 방지하려는 것이다.

애트우드 소설의 에필로그에 이르면, 이야기의 배경은 2195년의 어느 학회로 넘어간다. 학회의 주요 주제는 근자에 발견된 예의 그 시녀가 쓴 일기들이다. 그 자리에서 파이소토 교수는 1980년대 루마니아에서 여성들을 대상으로 자행된 강제적 임신검사를 거론한다.[2] 문제의 임신검사는 공상과학적 허구가 아니다. 실제로 루마니아에서는 인구 성장을 촉진할 목적으로 1967년부터 그와 같은 계획을 추진한 바 있었다. 그 시절 임신중지는 불법으로 간주되었다. 모든 가임 연령 여성은 직장에서 정기적으로 부인과 검진을 받아야 했고, 검진 항목에는 임신검사가 포함되었다. 루마니아 정부의 거침없는 설명에 의하면, 이러한 감시는 여성들이 임신중지를 계획할 경우에 대비해 여성들을 추적 관찰할 의도로 시행되었다. (2007년에 개봉된 루마니아 영화 〈4개월, 3주… 그리고 2일〉은 이 정치적 격동기를 그린 작품이다.)

강제적 임신검사라니, 어쩌면 21세기를 살아가는 미국인 대다수에게는 너무도 디스토피아스러운, 생판 남의 나라 이야기처럼 들릴 수도 있을 것이다. 하지만 2020년까지만 해도 미국 주방위군 소속의 여성 군인들은 3개월마다 의무적으로 임신검사를 받아야만 직을 유지할 수 있었다. 실제로 한 전직 여군은 강제적 임신검사가 사생활 침해라는 정당한 주장을 하면서 검사 동의서에 서명하기를 거부했다는 이유로 해직 처분을 받았던 과거를 회고하기도 했다.[3] 비교적 최근인 1988년, 뉴욕시에서는 홈리스 여성들에게 주거지를 제공하는 조건으로 임신검사를 요구했다. 〈로스앤젤레스 타임스〉의 어느 기사에서 묘사한 뉴욕시 홈리스 쉼터의 풍경은 디스토피아 소설 속 한 페이지를 방불케 한다. 홈리스 여성들은 대기실의 얼룩지고 시트도 덮이지 않은 매트리스에서 저마다 아기의 옷을 벗기며 검진을 준비한다. 그러면서 교대로 욕실에 들어가는데, 안에서는 간호사가 그들의 임신검사를 하려고 대기중이다. 결과는 간호사가 먼저 확인하고, 어떤 결과가 나오느냐에 따라서 배정받는 방의 종류가 결정된다. 그러니까 뉴욕시의 혼잡하고 지저분하고 해충이 들끓는 쉼터에서 방 한 칸이라도 얻을 수 있다면 말이다.[4]

  2013년 미국시민자유연맹은 앨러미다카운티 교도소를 상대로 소송을 제기했다. 체포된 모든 여성에게 연령을 불문하고 임신검사를 강요한다는 것이 그 이유였다. 그중 한 여성의 진술에 따르면, 그가 체포된 직후 교도소 경비원은 생리대 제공을 거부하더니 이내 다짜고짜 임신검사부터 요구했다고 한다.[5] 그러므로 임신테스트기가 강압의 도구로 사용될 가능성을 그리는 공상과학 창작물 속 이런저런 이야기들은 알고 보면 조금도 공상과학적이지 않다. 기실 우리의 재생산 생활을 통제하려는 국가의 욕구를 놓고 보자면, 우리가 사는 세상은 설령 허구에서 그리는 세상보다 더하지는 않더라도 이따금 그에 못지않게 디스토피아

적이다. 레니 주마스의 소설 『붉은 시계들』 역시 그러한 맥락의 연장선상에 있다.

경계를 넘다

『붉은 시계들』 속 미국에서는 임신중지를 잉태의 순간부터 불법으로 간주한다.[6] 그런 와중에 의회의 지지를 등에 업은 신임 대통령은 배아에게 "인격"을 부여하는 법안을 통과시킨다. 임신중지를 도모하는 여성은 설사 그것을 실행에 옮기지 않았더라도 살인공모죄로 기소될 수 있고, 임신중지수술을 제공한 사람 역시 누구를 막론하고 유사한 죄목으로 기소의 대상이 된다. 이 허구 속 미국 정부는 여성들이 합법적 임신중지를 목적으로 북쪽 국경 너머 캐나다로 건너가는 상황에 대비해 캐나다 정부와 협정을 맺는다. 그에 따르면, 임신중지를 목적으로 한 캐나다 입국이 의심될 경우 모든 가임기 여성은 입국 정지 및 심문과 체포의 대상이 될 수 있다. 또한 그 여성들은 강제적 임신검사를 당할 수도 있다. 소설의 한 장면에서 어느 열다섯 살 소녀는 임신검사를 해야 하니 컵에 오줌을 누라는 지시를 받는다. 지시에 따르기를 거부하는 행위 또한 체포의 명분이 된다.

주마스의 디스토피아 소설을 그저 공상과학물로 치부하고 넘어가기엔 소설 밖 현실에서도 국경에서 여성이 임신검사를 강요당하는 일이 심심찮게 벌어진다. 1996년 8월 미국 정부는 수출 가공 공장이나 마킬라도라 산업 단지에서 일자리를 구하는 멕시코 여성들이 고용조건의 일환으로 임신검사를 강요당한다는 사실을 파악했다. 그러한 일자리는 멕시코의 여느 직종보다 임금수준이 상당히 높기 때문에 대부분의 여성들은 정책에 이의를 제기하기보다는 순순히 검사에 응하고 있었다. 여성들이 소변을 한 컵씩 제출하면 간호사가 그 소변을 검사했고, 임신이 확인된 여성은 고용 대상에서 제외되었다.[7] 비교적 최근인 2018년 이주노동자들의 생활개선에 힘쓰는 비정부기구 공정무역협회가 보고한 내용에 따르면, 말레이시아로 일하러 가는 이주 여성들은 그들의 입국 목적을 잘 아는 정부의 요구에 따라 정기적인 임신검사를 받아야만 국경을 넘을 수 있었다. 또한 고용 상태를 지속적으로 유지하는 데에도 규칙적인 임신검사가 필수적이었다.[8]

일자리를 구하는 여성에 대한 강압적 임신검사는 미국 국경의 북쪽에서 그 역사가 더 길다. 1970년대, 그러니까 실험실 임신검사가 임신 진단의 새로운 표준으로 정착된 직후에는 대기업에서 여성을 고용하기에 앞서 조용히 임신검사를 시행하는 사례가 드물지 않았다. 1970년 7월의 몇몇 신문 기사에 따르면, 컬럼비아 특별구에 기반을 둔 통신회사 체서피크앤드포토맥텔레폰은 취업을 지원하는 모든 여성에게 소변 샘플 제출을 요구한 다음 그것으로 당사자의 동의도 없이 임신검사를 실시했다. 그 회사의 메디컬 디렉터는 이 같은 관행이 본인의 아이디어에서 비롯되었다는 사실을 시인하면서, 자신이 지켜본 결과 아이를 가진 여성들은 분만 이후에 복직하는 경우가 드물더라는 명분을 내세웠다.[9] 아이를 낳으면 길어야 몇 달 안에 그만둘 여성들의 직무 교육에 회사가 원치 않는 비용을 낭비하느니, 당사자의 동의 없이 임신검사를 시행하는 편이 합리적이라는 게 그 남성 임원의 설명이었다. 비슷하게, 1987년의 한 신문에는 필라델피아의 신입 여성 경찰관들이 앞선 2년 동안 비밀리에 주기적 임신검사를 받아왔다는 기사가 실렸다.[10] 당시 그 여성들은 제출한 소변이 약물검사에 사용된다고만 들었지 임신검사에 대한 설명은 들어본 적이 없다고 했다.

그보다 최근인 2019년 폭스뉴스의 보도에 따르면, 미국 이민세관집행국은 11세 이상의 모든 이민 여성에 대해 그들이 국경을 넘어 수용소에 도착하는 즉시 임신검사를 실시했다.[11] 문제의 기사에서는 그들의 여정에 내재하는 막대한 위험을 운운하면서 그와 같은 검사를 받는 것이 여성들에게 이로운 양 포장한다. 하지만 정작 그러한 임신검사가 당사자와의 합의하에 이뤄지는지, 임신이 확인된 여성들에게 어떤 식으로든 지원이 제공되는지 등에 대한 언급은 생략되었다.

임신 지원 센터

교외에 "길게 늘어선 상가 한복판에 낮게 웅크린 잿빛 건물", 대기 구역에 들어선 나디아를 애써 외면하는 다른 흑인 소녀들, 나디아가 콘돔이나 안전한 성관계에 무지하다고 지레짐작하고는 유치원 교사 같은 목소리로 가르치려 드는 백인 상담사. 브릿 베넷의 소설『어머니들』은 이러한 장면으로 이야기를 시작한다. 나디아는 학급에서 성적이 우수한 여학생이다. 그리고 지금은 월경이 오기를 기다리는 중이다. 몇 주 동안 소식이 없자, 나디아는 버스를 타고 무료 임신검사소로 향한다. 그리고 콘돔을 사용했어야 한다는 사실조차 모르는 그저 그런 맹한 소녀 취급을 받는다. 나디아가 남자친구에게 사실을 털어놓았을 때, 그는 "씨발"이라는 단어를 반사적으로 내뱉었다. 그런 뒤에는 "확실해?"라고 묻더니, 곧이어 정말 확실하냐고 거듭 물어보았다. 물론 확실했다.[12] 나디아는 임신테스트기로 검사를 마쳤고, 임신테스트기가 틀린 결과를 내놓을 리는 만무했으니까. 베넷의 이 소설은 공상과학물이 아니다. 하지만 그 안에서 묘사하는 임신 지원 센터*는 재생산 건강을 둘러싼 미국의 경향을 반영하는데, 그 면면이 여성 보건 의료의 실태를 가장 무섭게 기술했다고 손꼽히는 그 어떤 공상과학물보다도 더 공포스럽다.

나디아가 찾아간 임신 지원 센터는 적어도 그에게 임신을 유지하라고 강요하진 않는다. 하지만 그곳에 관해 묘사된 내용은 젊은 여성이 임신검사를 받을 곳으로 그런 진료소를 선택하는 이유와 그 선택이 여성에게 미치는 영향을 독자에게 낱낱이 보여준다. 나디아와 같은 젊은 저소득층 흑인 여성은 임신 지원 센터를 찾아갈 가능성이 여느 여성들에 비해 현격히 높다. 이유는 단순하다. 그러한 기관에서는 임신검사를 무료로 제공하기 때문이다. 또한 상당수의 여성이 임신을 확진할 목적으로 임신 지원 센터를 찾는다.[13] 2020년에 발표된 한 연구 논문에 따르면, 일부 여성들의 경우 가정용 임신테스트기로 검사를 마친 뒤에도 병의원 검사가 더 공식적이고도 객관적이라는 인식 때문에 진료소에서 그 결과를 확인받는 것을 당연시했다. 그런가 하면 가족 구성원이나 성관계 파트너에게 임신 사실을 납득시키는 데 진료소 검사가 더 유용하다고 여기는 여성들도 있었다. 또다른 여성들은 메디케이드† 혜택을 받으려면 진료소급 기관에서 임신검사 양성 판정을 받아야 한다는 이유를 댔다. 여성들이 하고많은 진료소 가운데 하필 임신 지원 센터에 가장 먼저 이끌리는 이유는

* '임신 위기 센터'라고도 불리는 비영리 임신 자문 기관으로, 주로 기독교 단체가 운영하고, 임신중지 대신 출산을 독려한다. 정식 진료소 인증을 받은 곳도 상당수 존재한다.

† 미국의 연방 정부와 주정부가 함께 운영하는 저소득층을 위한 의료보험 제도.

대체로 그 기관에서는 임신검사가 무상이기 때문이었지만, 개중에는 임신을 유지하기로 결심하고는 그에 필요한 지원을 받고자 일부러 그곳을 찾는 여성들도 없지 않았다.

그러나 전미임신중지권옹호연맹*이라든지 미국의사협회와 같은 단체들은 임신 지원 센터가 그곳을 찾는 환자들을 조종할 목적으로 이를테면 임신중지의 부작용을 거짓으로 알리는 식의 비윤리적인 전략을 일삼는다고 입을 모은다.[14] 처음에는 이런저런 서비스를 공짜로 제공하며 환자의 관심을 사는데, 무료 임신검사가 그 대표적인 예라는 것이다. 아닌 게 아니라 그 주장에는 제법 일리가 있다. 그동안 가정용 임신테스트기 가격이 아무리 저렴해졌다고 해도 그것을 사려면 여전히 얼마간 비용을 지불해야 하고, 누군가는 그 돈을 아껴서 식비나 집세, 양육비에 보탤 수도 있을 테니 말이다. 이들 임신 지원 센터는 임신 여부를 되도록 빨리 알고 싶지만 보건 의료 서비스에서 소외된 저소득층 여성들의 욕구를 충족시킨다. 그런 여성들에게는 자신의 임신에 관한 정보를 타인의 비판적 시선에서 벗어나 자택에서 사적으로 확인할 특권이 주어지지 않는다.

2011년 인류학자 키아라 브리지스는 유색인종 여성들의 임신과 출생 전 관리 경험에 관한 문화기술지를 출간했다. 관련 연구를 위해 브리지스는 자신이 알파라고 명명한 여성 진료소에 들어가 자원봉사자로 근무했다. 그 진료소는 유색인종 여성과 노동계급 여성을 주로 상대했는데, 브리지스의 표현을 빌리자면, 때때로 "통제가 거의 불가능한 정신병원" 같지만 일부 여성들에게는 출생 전

---

* 현 모두를위한재생산자유(Reproductive freedom for All).

관리를 받을 수 있는 유일한 곳이었다. 하지만 문제의 출생 전 관리를 받기 위해서는 임신검사부터 시작해 지난한 과정을 거쳐야 한다고 브리지스는 지적한다. 출생 전 관리를 받고자 알파를 찾아오는 여성은 우선 반드시 그 센터에서 임신검사를 받아야 한다. 만약 검사 결과가 양성이면 진료소 측에서 다음날 여성에게 전화해 사회복지사, 간호사, 영양사, 재무관리사와의 면담 약속을 잡는다. 그들을 모두 만나본 뒤에야 비로소 여성은 의사나 조산사, 임상 간호사와의 면담 약속을 잡고 출생 전 관리를 시작할 수 있다. 이 모든 과정에는 때때로 몇 주가 소요된다. 한 여성은 그처럼 기약 없는 대기에 크게 실망한 나머지 브리지스에게 한바탕 짜증을 냈다. "뭐 이런 엿 같은 시스템이 다 있죠?"[15]

　이 사례에는 임신검사를 둘러싼 관료주의적 문화가 짙게 반영돼 있다. 따라서 어쩌면 당연하게도 일부 여성들은 그런 식의 지연을 관행으로 받아들이며, 특히 임신을 이미 확인한 상태에서 즉각적 관리를 위해 알파 진료소를 찾은 여성일수록 그런 수용의 경향이 더욱 두드러졌다. 왜 그 여성들은 결과를 알게 되기까지 하루를 더 기다려야 할까? 그리고 그렇게 나온 결과는 왜 여성들에게 곧바로 통보되지 않을까? 왜 누구라도 여성들에게 검사 결과를 즉시 일러줌으로써 그들이 스스로의 재생산 건강에 능동적으로 관여하고 있다는 느낌을 받게 해주지 못하는 걸까? 임신검사가 약속하는 부분이 그런 것 아니었나? 한편 임신 지원 센터는 대체로 검사 결과를 여느 진료소보다 더 빠르고 더 저렴하게 제공한다. 비록 검사 결과가 양성일 때는 임신중지 반대자에 의한 수사적 설득이라는 숨은 비용이 수반되겠지만 말이다. 왜 알파와 같은 여성 진료소에서는 그런 식의 효율적 일처리가 불가능할까?

세상 끝의 임신검사

이제 가정용 임신테스트기는 심지어 세상 끝에서도 구하면 찾을 수 있을 법한 심상한 물건이 되었다. 2018년에 출간된 링 마의 소설『단절』은 전 세계 수많은 사람의 목숨을 앗아간 팬데믹에 관한 이야기다. 소설의 여주인공은 월경이 제날짜에 시작되지 않자 임신테스트기를 찾아 나선다. 오래지 않아 그는 팬데믹으로 인해 어지간한 약국은 모조리 문을 닫았다는 사실을 알게 되지만, 요행히 아직 열려 있는 한국 잡화점에서 "상표가 없는 한국산 임신테스트기"를 찾아내 그중 두 개를 구매한다. 주인공은 한글로 적힌 제품 설명서의 내용을 독해할 수 없어도 검사 결과는 어렵지 않게 판독

가능하다. 막대형 임신테스트기에 표시되는 두 줄의 의미는 사실상 만국 공통이나 다름없기 때문이다. 다음날 저녁 주인공은 두번째 테스트기로 재차 검사를 해보지만 결과는 전날과 동일하다.[16] 루이스 어드리크의 소설 『살아 있는 신의 미래의 집』 역시 종말론적 세상을 그린다. 소설은 임신테스트기가 등장하는 장면으로 이야기의 문을 연다. 화자인 시더에게 그 임신테스트기는 단순히 임신 여부만이 아니라 임신중지의 필요성까지 말해주는 도구다. 한 10년쯤 전에 임신테스트기 검사에서 양성이란 결과를 확인했을 때도 시더는 임신중지가 필요하리라는 것을 곧바로 알 수 있었다. 이번에 그 딥스틱형 임신테스트기는 시더에게 "양성"이라는 대답을 내놓는다.[17] 붕괴하는 세상에서 아기를 낳는다는 것은 위험한 일이다. 시더의 귓가에는 오로지 "양성"이라는 대답만이 맴돈다.

2021년에 개봉한 공포영화 〈폴스 포지티브〉의 첫 장면에는 거짓양성이라는 제목이 무색하게도 결과가 음성으로 표시된 임신테스트기가 등장한다. 하지만 정작 영화 속 주인공 여성은 난임 치료

직후 임신검사 결과가 양성이라는 소식을 주치의에게서 전해 듣는다. 영화는 임신과 관련해 링 마와 루이스 어드리크의 소설이 비교적 미묘하게 그린 내용을 상당히 구체적으로 풀어놓는다. 다시 말해 의료기관과 가부장제가 재생산하는 몸에 대한 통제권을 어떻게 확보하는지 여실히 보여준다는 얘기다. 임신검사 결과가 양성이라는 사실이 공개되는 순간, 임신한 몸은 추가적인 보호가 필요하다는 명분하에 바로 통제 과정을 추진하는 도구가 된다. 영화 속에서 루시는 자신의 임신에 대해 걱정하지만 고민은 일축되고 도리어 정신적으로 불안정한 사람 취급을 받는다. 독자적인 조사 끝에 루시는 자기의 임신에서 정작 자신이 의도적으로 배제되었다는 정보를 접하게 된다.[18] 임신한 몸은 억제되고 통제될 필요가 있다. 장차 태어날 아이가 담긴 그릇인 까닭이다.『단절』과『살아 있는 신의 미래의 집』에서도 거의 똑같은 일이 벌어진다. 두 화자는 자신들의 임신을 되도록 오랫동안 감추기 위해 노력하지만, 그들이 믿고 비밀을 털어놓은 남자들이 결국 그 사실을 발설하고 만다.『단절』에서 임신한 캔디스는 그를 돌보기 위한 조치라고 주장하는 한 남자에 의해 어느 황량한 쇼핑몰 상점에 감금된다.『살아 있는 신의 미래의 집』의 주인공이자 북미 원주민인 시더는 사실상 임신한 여성들의 감옥 노릇을 하는 이동식 병원에 억류되고, 아기는 태어나자마자 시더에게서 분리된다.

내가 예로 제시한 문헌 가운데 일부는 비교적 재력을 갖춘 백인 여성들, 적어도 종말론적 사건이 그들의 세상을 파괴하기 전까지는 그러한 계층에 속했던 여성들의 사연을 다룬다. 그러나 현실에서는 내가 예로 제시한 거의 모든 상황이 유색인종 여성이나 이민자 여성, 가난한 여성, 장애인 여성과 관련되어 있다. 일찍이 도로시 로버츠가 주장한 바와 같이, "흑인의 재생산 자기결정권을 부정하는 것은 백인 우월주의의 이익에 부합한다."[19] 특권계층 여성들을 해방해준 재생산 기술은 그와 같은 특권에서 소외된 여성들을 도리어 억압하는 장치로 이용되었다. 임신검사와 관련된 기술 역시 예외는 아니었다.

20세기 중반에 보건 의료계와 제약회사들은 오늘날 잡지 기사부터 단편소설, 소셜미디어에 이르기까지 온갖 형태의 미디어에 반영되는 하나의 문화를 만들어냈다. 이제 임신테스트기가 없는 임신은 상상하기 어렵다. 막대형 임신테스트기는 어느덧 설명이 불필요할 정도로 흔하디흔한 물건이 되었다. 가정용 임신테스트기가 현재의 모습과 같이 판독하기 쉬운 형태로 진화하기까지는 30년

이 채 걸리지 않았다. 하지만 이것을 임신 진단이 언제나 정확하고 간단하며 가부장적 의사의 간섭적 판단 없이 이뤄진다거나 임신검사가 아무런 해를 끼치지 않는다는 뜻으로 해석해서는 곤란할 것이다.

1950년대와 1960년대에 산부인과 의사들은 환자의 임신검사를 거부하고 환자의 남편을 진료실에 불러 그의 임신한 부인에 관해 남자 대 남자로 면담을 나눌 정도로 그 권위가 대단했다. 그 시절에 비하면 우리는 참 먼 길을 걸어왔다. 어쩌면 이제 우리는 가정용 임신테스트기와 그것의 포장에 얽힌 매혹적 서사에 너무 깊이 의존하게 되었는지도 모른다. 99퍼센트의 정확도를 갖춘 물건은 세상에 흔치 않으니 말이다.

나오며

2022년 봄, 나는 어느 컨설팅 팀으로부터 연락을 받았다. 그들은 신형 가정용 임신테스트기를 시장에 소개하는 일에 공을 들이고 있었다. 그 제품을 사용하면 비단 여성의 임신 여부만이 아니라 임신 기간까지 파악이 가능하다고 했다. 내가 그 컨설팅 팀과 이야기를 나누기 겨우 몇 달 전, 텍사스주는 상원 법안 8호를 제정했다. 임신 6주 이후에 시행되는 임신중지를 불법화하는 한편 해당 기간에 임신중지를 시행하거나 시도한 사람을 신고하는 개인에게 1만 달러의 포상금을 수여하는 법안이었다. 이 법안이 불합리한 여러 이유 중 하나는 임신한 여성이 자신의 임신 사실을 6주가 지날 때까지 모르고 지나가는 경우가 부지기수라는 데 있다. 이를테면 이런 식이다. 월경을 거른 첫날에 임신검사를 시행한 여성은 결과가 양성일 경우 이미 임신한 지 4주가 지난 셈이 된다. 한데 일부 의사들은 월경주기가 불규칙한 여성도 흔하다는 이유로 월경을 거른 때에서 2주를 더 기다렸다가 임신검사를 할 것을 권한다. 이 권고를 따를 경우, 검사 결과가 양성으로 나오면 그 여성은 이미 임신한 지 6주가 지난 셈이 된다. 그러니 이론상으로는 임신된 날짜를 규명 가능한 신형 가정용 임신테스트기가 이런 상황에서 유용하게 쓰일 가능성이 있다.

그러나 앞서 언급한 컨설팅 팀 소속의 두 여성에게도 말했지만, 구하기도 쉽고 사용하기도 쉽고 정확한 임신 날짜를 일러주기까지 하는 임신테스트기는 유익한 면과 해로운 면을 두루 가지고 있다. 이 책 도입부에서 나는 가정용 임신테스트기를 처음으로 사용했을 때의 경험에 대해 털어놓았다. 당시 나는 월경이 2주쯤 늦어진 상태였다. 또한 미국가족계획연맹에 찾아가 초음파검사를 받았을 때는 임신 6주가 지났다는 사실을 알게 되었다. 하지만 그날 당장 임신중지를 단행하지는 않았다. 시술을 마친 뒤 나를 병원에서 집으로 데려다줄 사람이 필요했기 때문이다. 나는 다음주에 다시 방문하기로 약속을 잡았다. 예의 그 텍사스주 상원 법안 8호에 의거하자면 이미 임신중지의 기회를 상실한 상태에서 말이다.

임신된 날짜를 알려주는 가정용 임신테스트기는 임신을 원하거나 난임으로 힘들어하는 이들에게 유용할 수 있지만, 이 책에서 소개한 여러 이야기가 시사하듯이 임신중지를 시도하는 여성들이나 관련 시술을 제공하는 사람들을 범죄자화하는 수단으로 남용될 공산이 크다. 임신 기간을 정확히 측정하는 도구의 개발은 임신중지를 요구하는 이들을 물리치는 구실로 사용될 소지가 있을뿐더러, 여성이 자신의 임신 기간이 '너무 오래됐다'는 사실을 빤히 알면서도 임신중지를 시도했다는 것을 입증하는 증거로 사용될 가능성도 있다. 이 책에 나오는 여러 이야기를 보면 알 수 있듯이, 더 많은 정보를 제공하는 기술들은 설령 그 의도가 해방에 있을지라도 실제로는 고통을 가져다줄 소지가 다분하다. 이 같은 역설의 대표적인 예가 다름 아닌 가정용 임신테스트기다.

내가 이 맺는말을 쓰는 지금은 2022년 7월이다. 며칠 전 미연방 대법원은 도브스 대 잭슨 여성건강기구 사건 판결로 결국 로 대 웨이드 판결을 뒤집었다.[1] 임신중지를 금하거나 그에 대한 접근을 제한하는 법안들이 시행됨에 따라 이제 임신중지는 미국 내 절반 이상의 주에서 전보다 오히려 시행이 더 어려워졌다. 앞으로 몇 년 동안 재생산 생활을 둘러싼 풍경이 어떻게 바뀔지는 모르겠으나, 거의 모든 비계획적 임신과 대부분의 계획적 임신에서 가정용 임신테스트기가 좋게든 나쁘게든 모종의 역할을 담당하게 되리라는 것만은 확실하다. 임상적 환경에서 임신중지를 시도하거나 재생산 보건 의료에 접근하는 일이 갈수록 어려워지는 한, 우리는 가정용 임신테스트기에 그 어느 때보다 더 깊이 의존할 수밖에 없을 것이다.

감사의 말

나는 이 책 전체를 코로나19 팬데믹 기간에 집필했다. 그래서 글쓰기가 불가능하다고 종종 생각하던 시기에 이 책의 집필을 가능하게 해준 모든 사람에게 각별한 고마움을 느낀다. 우리가 무엇이든 새로운 프로젝트에 착수할 때면 보호자와 가족 구성원, 친구, 동료 집단에게 참으로 많은 부분을 의존한다는 사실을 그 어느 때보다 더 뼈저리게 깨달았다. 그러므로 그 두 해 동안 교류하며 나를 지지해준 사람들에게 느끼는 크나큰 고마움을 이 유난히 긴 감사의 글에 표현하고자 한다.

    나에게 이 책은 영원히 팬데믹 프로젝트로 기억될 것이다. 책의 집필이 팬데믹 기간에 이뤄진 데다 바라건대 출간은 팬데믹의 종결과 시기가 맞아

떨어질 듯싶기 때문이다. 2020년 3월을 돌이켜보면, 그 무렵 나는 이 프로젝트를 거의 고려하지 않았을뿐더러 고작 1년 남짓 만에 소셜미디어가 코로나19 신속항원검사에 관한 글로 북적이게 되리라고는 상상도 하지 못했다. 어느새 사람들은 자가 검사 키트에 희미하게 나타난 두번째 줄을 보여주며 조언을 구하는가 하면, 몸속에서 바이러스 부하가 반복되면서 두번째 줄이 어두워지는 양상을 예시와 더불어 설명하고 있었다. 코로나 검사 키트에 적용된 기술은 임신테스트기에 적용되는 기술과 굉장히 흡사하다. 실제로 2021년 말과 2022년 초에는 코로나19 자가 검사 키트가 더욱 보편화되면서 이러한 사실을 더 많은 사람이 알아차렸고 소셜미디어에서 농담의 소재로 삼기까지

했다. 가정용 임신테스트기의 사용은 그 어느 때보다도 친숙한 경험이 되었다.

내가 이 프로젝트를 처음으로 제안한 시기는 2020년 1월이었다. 그리고 나는 세라 블랙우드, 로런 클라인, 카일라 슐러와의 마지막 대면 회의에서 내 제안에 관해 나눴던 대화를 아직 기억한다. 그때만 해도 우리는 팬데믹이 우리를 멈춰 세우리라고는 전혀 예상하지 못했다. 그도 그럴 게 우리는 자녀가 아무리 많아도, 몸이 아파도, 주와 주 사이를 이동해야 할 때도 10년 가까이 멈추지 않고 정기 회의를 진행해온 글쓰기 모임이었다. 우리 글쓰기 모임은 앞으로 내가 다른 글쓰기 모임을 평가할 때 언제나 그 척도가 되어줄 것이다. 세라와 로런, 카일라는 내게 글쓰기에 관해 정말 많은 것들을 가르쳐주었고, 그들이 없었더라면 이 책은 결코 세상에 나올 수 없었다.

내 제안이 받아들여진 이후에도 나는 어린 자녀가 있는 여느 부모와 마찬가지로, 팬데믹과 중증 질환의 지속적 위협으로 인해 학교의 풀타임 대면 수업이 불가능해지면서 극심한 스트레스에 시달린 나머지 글을 쓸 시간과 정신적 에너지를 도무지 끌어낼 수 없었다. 하지만 에밀리 랩 블랙의 훌륭한 글쓰기 수업과 그 수업을 함께한 여성들인 샬럿 더캔터 정, 나디아 해넌, 민다 허니, 크리스티 톰프슨 덕분에 마침내 다시 펜을 들 용기를 얻을 수 있었다. 그들은 내가 이 책을 염두에 두고 작성한 첫번째 장의 초고를 읽어주었고, 그들이 해준 격려의 말들은 집필 기간에 줄곧 내 마음속에 머물렀다.

이 책을 쓸 수 있게 도와준 수많은 기관과 그 안에서 일하는 분들에게도 사의를 표한다. 우리 아이들의 훌륭한 선생님들이 없었더라면 내가 지난 2년을 과연 어떻게 버텨냈을까 싶다. 이제 1학년과 4학년이 된 우리 아이들은 그분들 덕분에 이 힘

들고도 혼란스러운 시기를 비교적 수월히 넘길 수 있었다. 게이브리얼 선생님, 슈스터 선생님, 파블라키스 선생님, 도널런 선생님, 위티커 선생님, 프리드먼 선생님, 루벤스타인 선생님, 모두 감사합니다. 여름 캠프와 방과후 프로그램, 공립 도서관과 운동장을 비롯한 지역사회의 서비스 및 자원을 마련해준 분들께도 감사드린다. 그분들 덕분에 나는 인생의 어려운 시기를 무사히 버텨낼 수 있었다.

퀸스칼리지의 사서들에게도 감사하다. 그리고 특히 도서관 상호 대출이라는 매우 유용한 제도의 운영에 힘써준 모든 분께 각별한 사의를 표한다. 내가 알기로 도서관 상호 대출을 요청하는 과정에는 결코 적지 않은 공력이 든다. 따라서 나는 이러한 제도가 존재한다는 사실에 깊은 고마움을 느낀다. (다양한 문헌을 끊임없이 요청하며 미안해하는 내게 괜찮다고 말해준 크리스틴 하트에게도 감사하다.) 마지막으로, 나는 뉴욕 공립 도서관에도 크나큰 신세를 졌다. 뉴욕 공립 도서관은 내가 뉴욕에서 가장 사랑하는 기관이다. 그곳의 연구학습센터

슈워츠먼빌딩이 넉넉히 보유한 디지털 자료 덕분에 나는 이 프로젝트를 완성할 수 있었다. 사실 팬데믹 기간에는 이 책의 집필이 불가능하리라고 여겼다. 하지만 알고 보니 자료실이 폐쇄된 상황에서도 뉴욕 공립 도서관은 온라인으로 방대한 자료를 제공할 수 있는 시스템을 갖추고 있었다. 이후 뉴욕시의 상황이 좀더 안전해졌을 때에도 나는 앨런 룸이라는 공간을 제공받아 이 프로젝트를 마무리하는 한편 도서관의 실물 자료를 이용할 수 있었다. 도움을 준 사서 멜라니 로케이와 줄리 골리아에게 각별한 고마움을 전한다.

메그 크레인은 2020년 6월에 내 전화를 받고 선뜻 만남을 제안해주었고, 그의 관대함은 이 프로젝트에 긍정적 변화를 가져왔다. 크레인에게는 아무리 고마움을 표해도 지나치지 않다. 그는 최초의 가정용 임신테스트기를 디자인했고, 자신의 놀라운 경험담을 허심탄회하게 들려주었으며, 그 이야기를 내가 이 책에서 소개할 수 있도록 허락해주었다. 글렌 브라운스타인 역시 내 이메일에 즉시 답장하면서 전화 통화를 제안해주었다. 브라운스타인은 임신검사법의 발전을 이끈 몇 가지 과학적 발견에 대해서 참을성 있게 설명해주었고, 오늘날 우리가 사용하는 임신테스트기와 관련하여 그의 연구가 기여한 방식을 내가 촘촘히 이해하도록 도와주었다. 제시 올싱코그린은 임신검사의 역사를 세상 그 누구보다 잘 이해하는 사람으로서, 자신의 연구 결과를 나와 공유하는 한편 내가 임신검사를 둘러싼 미묘한 역사를 보다 깊이 이해하도록 이끌어주었다. 우리가 주고받은 수많은 대화와 이메일이 이 책의 모든 페이지에 반영되었고, 확신하건대 그 덕분에 책이 천 배는 더 훌륭해질 수 있었다. 본문에 혹시 실수나 오류가 있다면 그것은 전적으로 내 잘못이며, 이 점에 대해서는 제시에게 미리 양해를 구한다. 또한 제시는 뉴질랜드 재생산 연구 프로젝트에 나를 소개해주었고, 타티아나 부클리야시, 헤더 드론, 제니 뱅엄, 비르기트 네메츠는 이 책 중 한 장章의 초고에 대한 피드백을 흔쾌히 제공해주었다. 감사하게도 헤더 라티머는 그가 속한 브리티시컬럼비아대학교 오커나건 캠퍼스의 '재생산 기술'이라는 독서 모임에서 이 책 중 한 장의 초고를 들려줄 수 있는 자리를 마련해주었다. 너싱클리오의 운영진에게도 신세를 졌다. 그들의 요청 덕분에 의학과 젠더의 역사에 관한 그 멋진 블로그에 정기적으로 글을 기고할 수 있었다. 내가 임신테스트기에 관한 글을 처음으로 써서 올린 공간이 바로 그 너싱클리오였고, 이 프로젝트는 그 짧은 글에서 얻은 영감을 바탕으로 시작되었다. 탁월한 편집장 로라

앤즐리에게, 그리고 내 글을 읽은 편집자와 교열 담당자 가운데 단연 최고였다는 찬사가 아깝지 않은 R.E. 풀턴과 세라 핸들리커즌스, 로런 매카이버 톰프슨, 아일린 스페리, 재클린 앤터노비치에게 각별한 고마움을 전한다.

  퀸스칼리지의 내 동료들은 정말이지 최고로 멋진 사람들이다. 그토록 상냥하고 명민하고 사려 깊은 사람들의 지지를 받는다는 사실에 나는 특히 요 몇 년 동안 스스로 진정한 행운아라고 느꼈다. 깜빡하고 한 사람이라도 빼먹을까봐 걱정되긴 하지만, 나는 이 원고의 이런저런 부분을 읽어준 것도 모자라 더 읽어보겠다고 자청해준 사람들에게 우선 사의를 표하려 한다. 먼저 버네사 페레스 로사리오에게 감사한다. 그는 전체 원고를 읽어주었을 뿐 아니라 한가한 날이면 종종 클래퍼홀에서 점심을 함께하며 내게 사려 깊은 피드백을 제공해주었다. 스티븐 크루거는 호르몬에 관한 장을 읽어주었고, 1980년대에 면역학 실험실에서 근무하며 자신이 경험한 일들에 대해 들려주었다. 방사면역측정법에서 ELISA법으로의 이행이라든가 항체를 분리하기 위한 절차들에 관해 그가 전해준 기억들은 가치를 환산할 수 없으리만큼 소중한 것이었다. 내 부서의 동료들은 다소 모호한 과학적 질문들에도 기분 좋게 대답해주었다. 케이트 슈너 역시 내 원고를 자청해서 더 읽어주었고, 그후엔 언제나 통찰력이 돋보이는 피드백을 주었다. 마일스 그리어는 아프리카계 미국인 문학과 대중문화에 관한 특유의 방대한 지식을 기반으로 리처드 라이트의 『검은 소년』과 시트콤 〈머피 브라운〉을 내게 소개해주었다. 또한 고맙게도 버네사 페레스 로사리오, 글렌 버거, 케이트 슈너, 스티븐 크루거, 알라 알라이예스, 덩컨 패러티, 캐리 힌츠, 브리앨런 호퍼, 샨 실린 로버츠, 탈리아 셰퍼, 로저 세더랫, 프레드 가다프, 니콜 쿨리, 메건 파슬라우스

키, 클리프 맥은 참석한 학부 세미나에서 이 책의 첫 장과 관련해 대단히 유용한 피드백을 제공해주었다. 가장 어려운 시기에 우리 학부의 학과장을 맡아주고 친구가 되어준 글렌 버거에게도 고마움을 전한다. 베로니카 샤노즈에게도 고맙다. 그는 책의 마지막 장에서 논했던 유리 인간과 임신중지 및 임신테스트기와 관련된 예의 그 단편소설을 내게 소개해주었다. 그리고 이 프로젝트에 관한 이야기에 늘 한결같이 귀 기울여주었지만 아직 언급되지 않은 내 모든 멋진 동료 제이슨 투고, 마르코 나바로, 에이미 완, 앤마리 드루리, 캐럴라인 홍, 힐러리 밀러, 킴 스미스, 크리스 윌리엄스, 수 골드헤이버, 세라 앨버레즈, 노카 블랙먼리처즈, 주서영에게도 사의를 표한다.

블룸즈버리 출판사의 이언 보고스트, 크리스토퍼 샤버그, 해리스 나크비에게도 감사한다. 그들은 이 프로젝트의 가능성을 믿어주었고, 놀라운 시리즈에 이 책을 위한 자리를 마련해주었다. 에아바 퍼슬은 원고를 주의깊게 읽어보고는 내 실수를 바로잡아주었다. 그의 노고에 사의를 표한다. 이 원고의 출간을 이끌어준 레이철 무어에게도 감사의 마음을 전하고 싶다. 꼼꼼하고 신중하게 교열과 색인 작업을 맡아준 아나히 몰리나 역시 감사하다. 모든 최종 단계를 책임지고 관리해준 니베티타 타밀셀반에게도 고마움을 전한다.

내 모든 친구들에게도 고맙다. 그들의 사랑과 애정은 나를 끊임없이 지탱해주었다. 뉴욕에서 로라 미셸 데이비스 그리고 탈리 호로비츠와 함께 이야기하고 웃으며 보낸 시간은 나를 충만하게 채워주었다. 또한 로라는 특유의 예리한 편집자적 능력을 발휘해 내 원고를 살펴주었다. 탈리의 전화는 종종 내 하루의 하이라이트였다. 캘리포니아의 애먼 길은 내게 면역학과 더불어 ELISA법에서 항체가 작용하는 방식에 대해 소소한 가르침을

주었다. (그리고 덤으로 ELISA를 올바르게 발음하는 방법도 내게 일러주었다.) MKM의 멤버 미셸 프리드너와 마라 그린은 내가 흔들리지 않도록 매일매일 중심을 잡아주었다. 이들이 없었더라면 내가 도대체 팬데믹 기간을 어떻게 견뎌냈을까 싶다. 잭슨 하이츠에서 M.K. 뱁콕, 대니얼 캐플런, 줄리애나 리, 릴라 토크, 조애나 손드헤임, 크리스틴 롬바르디, 제니카 나스워디, 트레이시 디베네딕티스, 멀리사 로드넌, 크리스토퍼 슐로트먼, 릴리 세인트와 함께 산책하고 걷고 놀이터에서 담소하던 시간 덕분에 공동체 의식과 위안을 느낄 수 있었다. 미셸과 마라, 조애나는 이 책의 여러 장을 읽고 개선점이나 오류에 관해 소중한 조언을 건네주었다.

    우리 가족은 잊을 만하면 한 번씩 책을 다 썼느냐는 질문으로 내가 책을 쓰고 있다는 사실을 상기시키곤 한다. 아버지 알라인 와인가튼, 어머니 로닛 시걸, 새어머니 다프나 탈 와인가튼, 의붓자매 샤니 아마토와 코렌 조자나에게 고마움을 전한다. 또한 캐나다에서 나를 지지해준 멋진 시댁 식구들, 프로스트 가문에도 감사드린다. 내가 임신검사를 할 때면 (거의) 언제나 곁에 있어주었고 지금도 언제나 내 곁을 지키는 남편 코리 프로스트에게도 감사한다. 그리고 우리 두 아이 앤설과 실반에게는 엄마로서 그들의 존재로 귀결된 임신테스트기를 영원토록 기억할 거라는 말을 해주고 싶다. 여동생 셸리 와인가튼 케일리시에게도 고마움을 전한다. 셸리는 내가 임신테스트기에 관한 글을 쓰는 데서 최초의 영감을 주었다. 그럴 수밖에 없다. 우리는 재생산과 관련된 고민을 서로 솔직하게 털어놓는 사이니까 말이다. (내 모든) 자매들이여, 영원히.

주

들어가며

[1] Randi Hutter Epstein, *Aroused: The History of Hormones and How They Control Just About Everything*(W.W. Norton, 2018), 97~99.

1. 설계

[1] 2021년 6월 9일 나는 마거릿 크레인—그가 듣기 좋아하는 호칭을 사용하자면, 메그—과 그의 아파트에서 인터뷰를 진행했다. 이 장에 나오는 크레인의 이야기는 당시의 대화와 2021년 7월 22일에 전화상으로 나눈 후속 대화를 기반으로 구성되었다.

[2] 2015년에 크레인은 해당 시제품을 스미스소니언 협회에 경매로 넘겼다. 현재 그 견본은 스미스소니언미술관에서 관람할 수 있다. Roger Catlin, "The Unknown Designer of the First Home Pregnancy Test Is Finally Getting Her Due," *Smithsonian Magazine*, Sept. 21, 2015 (https://www.smithsonianmag.com/smithsonian-institution/

unknown-designer-first-home-pregnancy-test-getting-her-due-180956684/).

[3] United Press International, "A do-it-yourself pregnancy test bared," *The Province* (Vancouver, BC), Oct. 12, 1977, p. 2.

[4] David Zinman, "U.S. Opposing Sales of Pregnancy Test," *Newsday* (Suffolk Edition), May 18, 1971, p.11; Cathy Yarbrough, "Pregnancy Checks are 50 Pct. Accurate," *The Atlanta Constitution* (Atlanta, GA), July 14, 1972, p. 34.

[5] Betty Palik, "New home pregnancy test could be a Canadian export," *The Gazette* (Montreal, QC), Dec. 18, 1970, p. 22.

[6] "Do-it-yourself pregnancy test," *The Province* (Vancouver, BC), Jan. 4 1971, p. 8.

[7] Ruth Winter, "You can be your own physician in do-it-yourself-kit boom," *Calgary Herald* (Calgary, Alberta), Nov. 22, 1971, p. 33.

[8] Cindy Skalsky, "Pregnancy Tests are Selling Slowly," *Detroit Free Press*, Mar. 9, 1971, p. 21. 해당 기사는 한 여성이 자신의 여행 목적이 가정용 임신테스트기의 구입이라는 사실을 세관원에게 인정하는 것으로 시작된다. 미국에서는 판매가 승인되지 않은 제품이지만 세관원은 임신테스트기를 압수하지 않고 오히려 그것의 가격과 신뢰성에 대해 묻는다.

[9] Off Our Backs, "You don't need a rabbit to know which way: Do it yourself pregnancy test," *Liberation News Service*, Nov. 10, 1971, p. 6.

[10] "Pharmacy Offers Test Service for Pregnancy, May be Illegal," *Asbury Park Press* (Asbury Park, NJ),

Apr. 15, 1973, p. 27.

[11] "Pregnancy Test is Disputed," *New York Times*, Apr. 29, 1973, p. 80.

[12] 이 사건을 발단으로 〈아메리칸 저널 오브 퍼블릭 헬스〉는 오바II에 대한 의학적·법적 검토를 이끌어냈고, 그것을 통해 밝혀진 바 당시 그 임신검사의 정확도는 50퍼센트에 불과했다. Lawrence D. Baker, et al., "Evaluation of a 'Do-ItYourself Pregnancy Test,'" *American Journal of Public Health* 66.2 (Feb. 1976), p. 166~167; Anita Johnson, "Do-it-yourself pregnancy testing," *American Journal of Public Health* 66.2 (Feb. 1976), p. 129~131

[13] 더 많은 역사적 사실은 다음을 보라. Joan H. Robinson, "Bringing the pregnancy test home from the hospital," *Social Studies of Science* 46.5 (2016), p. 649~74.

[14] The Associated Press, "Pregnancy-test recall overruled," *The Record* (Hackensack, NJ), July 18, 1975, p. 2.

[15] *United States v. Article of Drug*, United States District Court for the District of New Jersey, July 16, 1975, Civ. No. 745~72.

[16] Jane E. Brody, "Personal Health," *New York Times*, Feb. 1, 1978, p. 11.

[17] United Press International (UPI), "F.D.A. seeks appeal over pregnancy kit," *New York Times*, July 26, 1975, p.13.

[18] Dolores Katz, "Home pregnancy test," *The San Francisco Examiner*, Dec. 6, 1977, p. 25.

2. 호르몬

[1] "Pregnancy Test"(classified ad), *Los Angeles Times*, Feb. 3, 1933, p. 28. 임신검사를 최초로 안내한 광고는 1932년 8월 26일 할리우드 지역신문인 〈로스앤젤레스 이브닝 시티즌 뉴스〉에 등장했으며, 신체검사를 요하지 않는 임신검사법을 홍보하는 내용이었다.

[2] "A.Z. Pregnancy Test," *Los Angeles Times*, Dec. 16, 1934, p. 77.

[3] Harry E. Kaplan, "The Aschheim-Zondek Hormone Test for Pregnancy," *California and Western Medicine* 31.6 (Dec.1929), p. 412~13.

[4] John J. Dorn, Jean R. Morse, and Edward I. Sugarman, "Early Pregnancy—A Hormone Test for its Diagnosis," *California and Western Medicine* 35.4 (Oct. 1931), p. 266~69.

[5] 영국인 관점의 더욱 많은 역사적 사실은 다음을 참조하라. Jesse Olszynko-Gryn, "The demand for pregnancy testing: The Aschheim-Zondek reaction, diagnostic versatility, and laboratory services in 1930s Britain," *Studies in History and Philosophy of Biological and Biomedical Sciences* 47 (2014), p. 233~47.

[6] Loomis, Frederic M. "Discussion on 'The Friedman Test for Pregnancy'" by Lyle G. McNeile and Philip A. Reynolds, *California and Western Medicine* 38.1 (Jan. 1933), p. 1~8.

[7] 캘리포니아의 임신중지 관련 역사를 더 알아보려면 다음을 참조하라. Alicia Gutierrez-Romine, *From the Back Alley to the Border: Criminal Abortion*

in California 1920~1969, University of Nebraska Press, 2020.

[8] 여기서 비시 광천수는 단순히 소다수 혹은 탄산수를 지칭할 가능성이 높다. 본래 비시 광천수는 프랑스 비시 지방에서 나는 천연 탄산수를 뜻한다.

[9] Edward R. Elkan, "The Xenopus Pregnancy Test," *British Medical Journal* 17.2 (Dec. 1938), p. 1253~74.

[10] Ralph Clark, "Test on Frog Works," *Valley Times Today* (North Hollywood, CA), Sept. 14, 1961, p. 1.

[11] Christopher W. Coates and Abner I. Weisman, "Pregnancy Test Frogs Being Bred at Will," *Journal of the American Medical Association* 124.7 (1944), p. 461.

[12] Ken Davis, "South African Frog Gives Rapid Pregnancy Test," *Tampa Bay Times* (Tampa, FL), Apr. 22, 1942, p. 14.

[13] "25-Cent South African Frog is Perfect Test for Pregnancy," *Central New Jersey Home News* (New Brunswick, NJ), June 8, 1942, p. 3.

[14] James T. Golden, Jr., "Frogs at Work in Testing Pregnancy; Covington Lab 98% Accurate," *Cincinnati Enquirer* (Cincinnati, OH), March 22, 1949, p.18; Roger W. Marsters, Marion E. Black, Jno. D. Randall, "An Evaluation of the Rana Pipiens Male Frog Pregnancy Test," *American Journal of Obstetrics and Gynecology* 60.4, p. 752~62. 관련 역사를 더 알아보고 싶다면 다음을 참조하라. Jesse Olszynko-Gryn, "Pregnancy Testing with Frogs,"

Reproduction: Antiquity to the Present, Cambridge University Press, 2018, p. 672.

[15] Rose L. Berman. "A Critical Evaluation of Biological Pregnancy Tests," *American Journals of Obstetrics and Gynecology* 72.2 (1956), p. 349~62. 1940년 버먼은 토끼 대신 쥐를 이용하는 임신검사법을 공동으로 개발했다.

[16] Leif Wide and Carl Gemzell, "An Immunological Pregnancy Test," *Acta endocrinologica* 35 (1960), p. 261~67.

[17] 주디스 바이터카이티스가 임신검사에 과학적으로 어떤 공헌을 했는지에 대해서는 미국국립보건원 웹사이트에 묘사되어 있다. 편집자는 세라 레빗이고 링크 주소는 다음과 같다. (https://history.nih.gov/display/history/Pregnancy+Test+-+A+Thin+Blue+Line+The+History+of+the+Pregnancy+Test) 바이터카이티스의 발언에 대한 직접 인용과 개인적 일화들은 레빗과의 2003년 인터뷰에서 발췌한 것이다. 이 내용은 미국국립보건원 웹사이트에서 찾아볼 수 있다. (https://history.nih.gov/display/history/Vaitukaitis%2C+Judith+L.+2003) 가정용 임신테스트기의 역사에 관한 세라 레빗의 논문도 일독을 권한다. Sarah Leavitt, "'A Private Little Revolution': The Home Pregnancy Test in American Culture," *Bulletin of the History of Medicine* 80. 2, Summer 2006, p. 317~45.

[18] Judith Vaitukaitis, Glenn D. Braunstein, Griff T. Ross, "A radioimmunoassay which specifically chorionic gonadotropin in the presence of human luteinizing hormone," *American Journal of*

Obstetrics and Gynecology 113.6 (July 1972), p. 751~58.

[19] 바이터카이티스의 방사면역측정법으로 임신검사의 최종 결과를 도출하는 데는 혈액이 사용되었다. 그리고 오늘날 의사들, 특히 난임 병원에서 일하는 의사들은 임신 진단을 위해 여전히 혈액검사를 시행한다. 사용되는 체액이 소변이든 혈액이든, 모든 임신테스트기는 지금도 꾸준히 베타-hCG 검출을 근거로 임신을 진단한다.

[20] "A Pregnancy Test Hailed at Parley," *New York Times*, Dec. 20, 1973, p. 25.

3. 소변과 혈액

[1] Renate Wittem-Sterzel, "Diagnosis: the doctor and the urine glass," *The Lancet* 354, Dec. 1999, p. 13.

[2] Glenn D. Braunstein, "The Long Gestation of the Modern Home Pregnancy Test," *Clinical Chemistry* 60.1, Jan. 2014, p. 18~21.

[3] Paul Ghalioungui, S.H. Khalil, Ahmed Ammar, "On an Ancient Egyptian Method of Diagnosing Pregnancy and Determining Foetal Sex," *Medical History* 7.3, 1963, p. 241~46.

[4] 이 단락에 기술한 검사에 관한 설명은 다음을 참조했다. Earle Henriksen, "Pregnancy Tests of the Past and Present," *Western Journal of Surgical Obstetric Gynecology* 85, 1941, p. 610~18.

[5] Liselotte Adler-Kastner, "From personae non gratae in Vienna 1938 to respected citizens of Edinburgh: a vignette of my parents, Dr. Ernest

Adler and Dr. Regina Kapeller-Adler," *Wien Klin Wochenschr: The Middle European Journal of Medicine* 110.4-5 (1998), p. 174~80; 카펠러아들러의 검사법을 소개해준 제시 올싱코그린에게 감사한다.

[6] Ann Oakley, *The Captured Womb: A History of the Medical Care of Pregnant Women*, New York: Basil Blackwell, 1984, p. 17.

[7] 앞의 책, p. 20.

[8] Lara Freidenfelds, *The Myth of the Perfect Pregnancy: A History of Miscarriage in America*, Oxford UP, 2020, p. 169; Samuel Hansen, "Bedside Medicine for Bedside Doctors," *California and Western Medicine* 39.5 (Nov. 1933), p. 335~39.

[9] Associated Press, "New Method Detects Stork," *Los Angeles Times,* Mar. 14, 1941, p. 13; William S. Barton, "Quick Results Claimed in New Pregnancy Test," *Los Angeles Times,* June 5, 1950, p. 44.

[10] Frederick Falls, Vincent Freda, Harold Cohen, "A Skin Test for the Diagnosis of Pregnancy," *American Journal of Obstetrics and Gynecology*, Mar. 1941, p. 431~38.

[11] 큐테스트에 대한 임상 시험 가운데 적어도 하나는 그 검사법의 신뢰성이 부족하다는 사실을 밝혀냈다. 1945년의 그 연구에서는 큐테스트와 카펠러아들러의 히스티딘 검사에 대한 임상 시험을 시행한 결과 두 검사법 모두 신뢰도가 부족한 것으로 나타났다고 밝혔다. Squadron Officer J.F. Davey and Fight Officer D.E. Daley, "A Critical Survey of Two Diagnostic Pregnancy Tests," *Canadian Medical Association*

Journal 52 (Apr. 1945) p. 371~76. 이 남다른 저자들이 그 연구를 단행한 이유는 마침 그들이 살아 있는 동물을 사용하지 않는 신뢰할 만한 임신검사법을 찾고 있었기 때문이다. 그들은 제2차세계대전 당시 신병으로 모집된 여성들을 검사 대상으로 삼고자 했다.

[12] Martin Gumpert, "News about Medicine," *Redbook* 92.5 (Mar. 1949), p. 47.

[13] Leo F. Godley, "Therapeutic Trends," *The Bulletin of the American Society of Hospital Pharmacists* 9.6, Dec. 1952, p. 614~15.

[14] "Tablets Show if Pregnant," Press-Telegram (Long Beach, CA), Nov. 27, 1958, p. 21.

[15] Cynthia Carroll, "Woman is Her Own Guinea Pig in More Accurate Pregnancy Test," *The Mobile Journal* (Mobile, AL), Dec. 22, 1961, p. 5.

[16] *Washington Post*, "Hormonal Pregnancy Test Dangerous to Unborn," *The Post-Standard* (Syracuse, NY), May 10, 1977, p.1.

[17] K.M. Laurence, "Risks and Benefits of the Use of Hormonal Pregnancy Test Tablets," *Nature* 240, Nov. 24, 1972, p. 241~42.

[18] Jesse Olszynko-Gryn, "Risky hormones, birth defects and the business of pregnancy testing, Part I" *Perceptions of Pregnancy* Nov. 22, 2016 (https://perceptionsofpregnancy.com/2016/11/22/risky-hormones-birth-defects-and-the-business-of-pregnancy-testing-pt-i/); "Part 2," Dec. 12, 2016 (https://perceptionsofpregnancy.com/2016/12/12/risky-hormones-birth-defects-and-the-business-of-

pregnancy-testing-part-ii).
[19] Laurence, "Risks and Benefits."

4. 막대

[1] 성 혁명에서 가정용 임신테스트기가 차지하는 위치에 관한 서사를 복잡하게 비트는 또다른 주장으로는 다음이 있다. Linda L. Layne's "The Home Pregnancy Test: A Feminist Technology?" *Women's Studies Quarterly* 37.1/2 (SpringSummer, 2009), p. 61~79.

[2] "Am I Really, Truly Pregnant?" *Parents* 55.6, June 1980, p. 8; Paula Adams Hillard, "Pregnancy Tests," *Parents* 57.6, June 1982, p. 82.

[3] Midge Lasky Schildkraut, "New! A While-you-wait pregnancy test," *Good Housekeeping* 184.1, Jan. 1977, p. 160.

[4] "It's a Baby, Maybe," *Changing Times*, Nov. 1987, p. 138.

[5] Margot Raven, "In-home test kits - solid new territory for drugstores," *Drug Topics* 129, Jan. 7, 1985.

[6] Carol Ann Holcomb, "Home Pregnancy Test Kits: How Readable Are the Instructions?" *Unpublished talk*, 1982. ERIC(Educational Resources Information Center)을 통해 얻은 자료로, Barbara G. Valanis and Carol S. Perlman, "Home Pregnancy Test Kits: Prevalence of Use, False Negative Rates, and Compliance with Instructions," *American Journal of Public Health* 72, 1982, p. 1034~36.

[7] Laura Beil, "Doctors give thumbs up to new,

improved home pregnancy tests," *The Shreveport Journal* (Shreveport, Louisiana), Jan. 20, 1989, p. 25.

[8] Shirley Kesselman, "To Your Health: In-home Pregnancy Tests," *Seventeen* 40.1, Jan. 1981, p. 61.

[9] Brigitte Jordan, "Part One: The Self-Diagnosis of Early Pregnancy: An Investigation in Lay Competence," *Medical Anthropology* 1.2, Spring 1977, p. 1~38.

[10] Andrea Tone, "Medicalizing Reproduction: The Pill and Home Pregnancy Tests," *Journal of Sex Research* 49.4, 2012, p. 319~27.

[11] Jean Todd Freeman, "My Baby was Born in Prison," *Ladies' Home Journal* 96.7, Jul. 1979, p. 31.

[12] "New Pregnancy Test Cuts Out the Chemistry Lesson," *New Scientist*, Jul. 21, 1988, p. 39.

[13] Cara Appelbaum, "Carter-Wallace buys a new strategy for pregnancy tests," *Adweek's Marketing Week* 31.22, May 28, 1990, p. 10.

[14] 그 이야기는 〈뉴욕 타임스〉의 첫 페이지를 장식했다. Michael Wines, "Views on Single Motherhood are Multiple at White House," *New York Times*, May 21, 1992, p. 1.

[15] Yvette C. Terrie, "Home Diagnostic Kits: Take One Test and Call the Doctor in the Morning," *Pharmacy Times*, Sept. 4, 2004 (https://www.pharmacytimes.com/view/2004-09-4520).

[16] Kelsey Tyssowski, "Pee is for Pregnant: The history and science of urine-based pregnancy tests," *Science in the News* (Harvard University Graduate

School of Arts & Sciences), Aug. 31, 2018 (https://sitn.hms.harvard.edu/flash/2018/pee-pregnant-history-science-urine-based-pregnancy-tests/).

[17] 현재 가이뉴이티는 여러 개발도상국가 내 진료소에서 더 널리 사용될 수 있는 임신테스트기를 제작하는 연구에 매진중이다. 해당 테스트기의 작동 방식에 대한 정보를 얻고 싶다면 사이트를 방문해보자(https://gynuity.org/resources/how-to-use-multi-level-pregnancy-tests). 이 임신테스트기에 관한 정보를 내게 말해준 마거릿 맥도널드에게 고마움을 전한다.

[18] Grace Dean, "This is the UK's first pregnancy test specifically for visually impaired women. Users feel their results, rather than seeing them," *Business Insider*, Nov. 14, 2020 (https://www.businessinsider.com/rnib-uk-accessiblepregnancy-test-for-blind-visually-impaired-women-2020-10).

5. 말해주세요, 의사 선생님

[1] Henry B. Safford, "Tell Me Doctor," *Ladies' Home Journal*, Dec. 1950, p. 31.

[2] Goodrich Schauffler, "Tell Me Doctor," *Ladies' Home Journal*, Apr. 1961, p. 13, 137~38.

[3] Merrill Joan Gerber, "The Stork is a Wonderful Bird," *Redbook*, Feb. 1967, p. 84~85, 151~53.

[4] Arthur Gordon, "The Last Straw," *Redbook*, May 1949, p. 38.

[5] Alma Birk, "Mother 'M' is Not Always for

Monster," *Cosmopolitan* 166.2, Feb. 1969, p. 70~73, 127.
[6] Radovsky, Vicki Jo, "Talking with Susan Dey: 'I'm Trying To Save Women's Lives,'" *Redbook* 174.1, Nov. 1989, p. 18, 20, 22.
[7] Richard Wright, *Black Boy*, Harper Collins [1945], 1998, p. 310~14.
[8] 재닛 E. 칠더호즈와 마거릿 맥도널드는 가정용 임신 테스트기를 일상화된 건강 기술의 예로 분석한다. "Health consumption as work: The home pregnancy test as a domesticated health tool," *Social Science & Medicine* 86 (2013): p. 1~8.

6. 아름답고 젊은 여성의 고뇌
[1] "Clearblue Easy ad," 1997 (https://www.youtube.com/watch?v=IGoFXThEvNc).
[2] A.J. Jacobs, "David Lynch's Commercial Break," *Entertainment Weekly*, July 18, 1997 (https://ew.com/article/1997/07/18/david-lynchs-commercial-break/); Tamar Charry, "The offbeat film maker David Lynch directs a campaign for Unilever's home pregnancy test," *New York Times*, June 26, 1997, Sec. D, p. 6.
[3] "E.p.t. home pregnancy test commercial," 1988 (https://www.youtube.com/watch?v=XUFFYmDdkGc).
[4] "E.p.t. home pregnancy test commercial," 1990 (https://www.youtube.com/watch?v=8EDqJa0f3Tg).
[5] "E.p.t. plus home pregnancy test commercial," 1986 (https://www.youtube.com/watch?v=NEYspePNgQ8).

[6] "First Response, One Step Pregnancy Test Commercial," 1992 (https://www.youtube.com/watch?v=_q7Vpg9atlo&list=PLEqf8pU7tcmZGJFdgXODX4pmCRma5PvGg&index=5); "e.p.t. plus home pregnancy test commercial," 1991 (https://www.youtube.com/watch?v=X4hd5nZodaU&list=PLEqf8pU7tcmZGJFdgXODX4pmCRma5PvGg&index=5); "e.p.t. plus home pregnancy test commercial," 1995 (https://www.youtube.com/watch?v=hN43HiSTUXA).

[7] "E.p.t. plus home pregnancy test commercial," 1994 (https://www.youtube.com/watch?v=M48vx018_fw)

[8] "E.p.t. plus home pregnancy test commercial," 1994 (https://www.youtube.com/watch?v=R0vO_122Oyw)

[9] "What does a positive pregnancy test really look like??" Forum on *The Bump*, Jan. 2015 (last edited Dec. 2019). https://forums.thebump.com/discussion/12219554/what-does-a-positive-pregnancy-test-really-look-like. 댓글과 조회 수 등은 2021년 7월 16일 자 기준이다.

[10] Atif Zeadna, et al., "A comparison of biochemical pregnancy rates between women who underwent IVF and fertile controls who conceived spontaneously," *Human Reproduction* 30.4, 2015, p. 783~88. 유산에 관한 여러 대중적 웹사이트는 심지어 더 높은 통계 수치를 인용하는데, 그에 따르면 화학적 임신으로 임신이 종결되는 비율은 최대 75퍼센트에 달한다. 대부분의 사람들은 임신테스트기를 사용하지 않을 경우 자신이 화학적 임신을 했었다는 사실을 모르고 지나간다는 점을 감안할 때 정확한 수치는 가늠하기 어렵다.

[11] 라라 프라이든펠즈는 다른 여러 장치와 문화 변동 가운데서도 가정용 임신테스트기가 임신의 정의와 유산의 의미에 대한 우리의 인식을 변화시킨 방식을 상세히 설명한다. Lara Freidenfelds, *The Myth of the Perfect Pregnancy: A History of Miscarriage in America*, Oxford University Press, 2020, p. 166~86.

[12] Sonja Haller, "Do dollar store pregnancy tests actually work?" *USA Today*, Feb. 22, 2019 (https://www.usatoday.com/story/life/allthemoms/2019/02/22/are-dollar-store-pregnancy-tests-accurate/2939242002/).

7. 임신테스트기 없이는 임신도 없다

[1] Lizzy Rosenberg, "Can the Pregnancy Test Filter on TikTok determine your future?" *Distractify*, June 26, 2020 (https://www.distractify.com/p/pregnancy-test-filter-tiktok).

[2] Valerie Williams, "Posting A Positive Pregnancy Test On Social Media Is Gross, #SorryNotSorry," *Mommyish*, Jan. 5, 2015 (https://mommyish.com/dont-post-a-positive-pregnancy-test-on-facebook/).

[3] Janet Manley, "Celebrity Pregnancy is Big Business," *New York Times*, Jan. 23, 2021 (https://www.nytimes.com/2021/01/23/style/celebrity-pregnancy-social-media.html).

[4] Emily Rapp Black, *Sanctuary*, Random House, 2021.

[5] "Moments in Love, Chapter One," *Master of None*, season 3, episode 1, dir. Aziz Ansari, Netflix, 2021.

8. 임신테스트기와 공상과학

[1] Alaya Dawn Johnson, "They Shall Inherit the Earth with Seeds of Glass," *Uncanny: A Magazine of Science Fiction and Fantasy*, 2013 (https://uncannymagazine.com/article/they-shall-salt-the-earth-with-seeds-of-glass). Originally published in *Asimov's Science Fiction*, Jan. 2013.

[2] Atwood, Margaret, *The Handmaid's Tale*, Random House, [1986] 1998, p. 305. 파이소토 교수가 말하는 루마니아는 소설 속 '루마니아'를 지칭하지만, 그가 묘사하는 내용은 그 나라에 실제로 존재했던 정책을 연상케 한다.

[3] Tammy Sullivan, "Challenging the New York National Guard's Discriminatory Pregnancy Testing Policy," *ACLU Speak Freely*, Mar. 6, 2009 (https://www.aclu.org/blog/smart-justice/mass-incarceration/challenging-new-yorknational-guards-discriminatory-pregnancy).

[4] Robert Dvorchak, "Babies Born to the Homeless Consigned to a Bleak Life," *Los Angeles Times*, Jul 31, 1988, p. 2.

[5] Susie Cagle, "Why are Alameda County Jails Forcing Women to Take Pregnancy Tests?" *Prison Legal News*, Jan. 2016, p. 32.

[6] Leni Zumas, *Red Clocks*, Little, Brown, and Co., 2018.

[7] "No Guarantees: Sex Discrimination in Mexico's Maquiladora Sector," *Mexico* 8.6, US Department of Justice, Aug. 1996 (https://www.justice.gov/sites/default/files/eoir/legacy/2013/06/14/

mexico_0896.pdf).

[8] "Triple Discrimination: Woman, Pregnant, and Migrant," *Fair Labor Association*, Mar. 2018 (https://www.fairlabor.org/sites/default/files/documents/reports/triple_discrimination_woman_pregnant_and_migrant_march_2018.pdf).

[9] United Press International, "Firm Gives Applicants Secret Pregnancy Test" *Philadelphia Daily News* (Philadelphia, PA), Jul. 18 1970, p.11.

[10] Associated Press, "Report: Secret Pregnancy Test for Police," *Philadelphia Daily News* (Philadelphia, PA), Nov. 5, 1987, p. 27.

[11] Adam Shaw, "Nielsen: ICE giving pregnancy tests to migrant girls as young as 10 after dangerous journey to border," *Fox News*, Mar. 6, 2019 (https://www.foxnews.com/politics/nielsen-ice-gives-pregnancy-tests-to-migrant-girls-asyoung-as-10-after-dangerous-journey-to-border).

[12] Brit Bennett, *The Mothers*, Riverhead Books, 2016, p. 11.

[13] Katrina Kimport, "Pregnant Women's Reasons for and Experiences of Visiting Antiabortion Pregnancy Resource Centers," *Perspectives on Sexual and Reproductive Health* 52.1, Mar. 2020, p. 49~56.

[14] Amy G. Bryant and Jonas J. Swartz, "Why Crisis Pregnancy Centers Are Legal but Unethical," *AMA Journal of Ethics*, Mar. 2018 (https://journalofethics.ama-assn.org/article/why-crisis-pregnancy-centers-are-legal-unethical/2018-03); "She said abortion could

cause breast cancer: A Report on: The Lies, Manipulations, and Privacy Violations of Crisis Pregnancy Centers in New York City," *NARAL and National Institute for Reproductive Health*, Oct. 2010 (https://www.nirhealth.org/wp-content/uploads/2015/09/cpcreport2010.pdf).

[15] Khiara M. Bridges, *Reproducing Race: An Ethnography of Pregnancy as a Site of Racialization*, University of California Press, 2011, p. 34.

[16] Ling Ma, *Severance*, Farrar, Straus, and Giroux, 2018.

[17] Louise Erdrich, *Future Home of the Living God*, Harper Perennial, 2017, p. 3.

[18] *False Positive*, directed by John Lee (Hulu, 2021).

[19] Dorothy Roberts, *Killing the Black Body: Race, Reproduction, and the Meaning of Liberty*, Vintage, 1998.

나오며

[1] *Dobbs v. Jackson Women's Health Organization* (https://www.supremecourt.gov/opinions/21pdf/19-1392_6j37.pdf).

옮긴이 서정아

사람과 문화, 우주에 대한 호기심으로 가득한 번역가이자 치과의사다. 좋은 글을 정직하게 전달하기 위한 자발적 고민을 즐기며 책과 언어를 사랑하는 행복한 삶을 여전히 꿈꾼다. 옮긴 책으로 『사실의 수명』 『내가 알던 사람』 『기발해서 더 놀라운 의학의 역사』 『다운 걸』 『칼끝의 심장』 『날씨의 세계』 『생존자 카페』 『심장』 『Holy Shit』 『들소에게 노래를 불러준 소녀』 『맹그로브의 눈물』 등이 있다.

지식산문 O 06

임신테스트기

초판 인쇄 2025년 8월 5일
초판 발행 2025년 8월 18일

지은이 캐런 웨인가튼
옮긴이 서정아

펴낸곳 복복서가(주)
출판등록 2019년 11월 12일 제2019-000101호
주소 03720 서울특별시 서대문구 연희로 28길 3
홈페이지 www.bokbokseoga.co.kr
전자우편 edit@bokbokseoga.com
마케팅 문의 031) 955-2689

ISBN 979-11-91114-95-9 04800
      979-11-91114-74-4 (세트)

이 책의 판권은 지은이와 복복서가에 있습니다.
이 책 내용의 전부 또는 일부를 재사용하려면 반드시 양측의 서면 동의를 받아야 합니다.
이 책의 일부를 어떤 방식으로든 인공지능 기술이나 시스템 훈련 목적으로 사용하거나 복제할 수 없습니다.
No part of this book may be used or reproduced in any way for the purpose of training artificial intelligence techniques or systems.

잘못된 책은 구입하신 서점에서 교환해드립니다.
기타 교환 문의: 031) 955-2661, 3580